Eva Tesar

Mütter brauchen Zeit für sich

Eva Tesar

Mütter brauchen **Zeit** für sich

Zeitmanagement für alle Fälle

öbv & hpt

Die Deutsche Bibliothek – CIP-Einheitsaufnahme

Tesar, Eva:
Mütter brauchen Zeit für sich : Zeitmanagement für alle Fälle / Eva Tesar. – Wien : ÖBV, 199 ; Wien : HPT, 1999
ISBN 3-209-02721-8

Autorin: Eva Tesar
Gestaltung: Mag. Bernhard Kollmann
Lektorat: Mag. Brigitte Treu

1. Auflage 1999 (1,00)

öbv&hpt Verlagsgesellschaft m.b.H. & Co. KG, Wien 1999

Druck: Theiss Ges.m.b.H., Wolfsberg

ISBN 3-209-02721-8

Dank

Mein besonderer Dank gilt meinen Eltern Hermine und Helmut, die durch ihre Ideen und Anregungen dieses Buch bereichert haben.

Meinen Kindern Maximilian und Michael gilt mein Dank dafür, dass ich mit ihrer Hilfe Erfahrungen sammeln konne, wie ein Mutterleben ausieht und sich anfühlt.

Den Teilnehmerinnen vieler Seminare und meinen Klientinnen danke ich für die Geschichten, die sie mir erzählt haben und die meinen Horizont über die Vielfalt mütterlichen Lebens wesentlich erweitert haben.

Meiner Lektorin danke ich für die Kreativität bei der Planung und Umsetzung des Leitgedankens „Zeitmanagement".

Zeitmanagement für Mütter?

„Na endlich, es ist schon Zeit geworden, dass jemand über das ständige Zeitproblem der Mütter nachdenkt und Lösungen anbietet!"

Haben Sie das auch gedacht, als Sie dieses Buch gekauft haben? Als Mutter, die sich immer irgendwie für irgendetwas oder irgendjemand verantwortlich fühlt, die ständig in der Frage lebt, ob und wie das ganze Tagespensum zu schaffen ist, die an manchen Tagen in der Frühe einfach im Bett bleiben möchte, weil ein weiterer stressiger Tag bevorsteht und sie ohnehin von gestern noch ausgelaugt und müde ist? Oder waren Sie einfach neugierig oder gar belustigt darüber, dass sich jemand mit einem scheinbar so banalen Thema auseinandersetzt?

Was immer Ihre Motivation war, Sie sollten wissen, dass Zeitmanagement nicht nur bedeutet, die Zeit zu managen und sie so rationell wie möglich einzuteilen um damit sich selbst und möglicherweise andere noch besser als bisher „auszubeuten"; Zeitmanagement heißt zu allererst, sich mit den eigenen Wünschen, Ansprüchen und Zielen auseinander zu setzen. Es heißt vor allem auch, sich klar werden, welche der allgemein als sinnvoll und wichtig angesehenen Werte auch für uns selbst wichtig sind; und welche für uns nur deswegen wichtig sind, weil wir die perfekte Wunderwelt des Werbefernsehens als unsere Wunschumwelt akzeptiert haben und ihr entsprechen wollen.

Dieses Buch habe ich für Frauen geschrieben, die sich durch ihren Alltag als Mutter mehr oder weniger stark belastet fühlen. Ob Sie nun berufstätig sind, Alleinerzieherin sind oder gerade in einer Phase als „Familienfrau" leben, Sie werden in diesem Buch Anregungen finden, mit denen Sie Ihren ganz persönlichen Alltag besser bewältigen können.

Nicht jedes Kapitel wird für jede Leserin zum selben Zeitpunkt gleichermaßen wichtig sein, möglicherweise werden Sie das eine oder andere Kapitel vorläufig überblättern.

So ist das Buch auch konzipiert: als Nachschlagewerk, das kein Lexikon ist, aber – beispielhaft für viele Momente im Leben einer Mutter – Methoden anbietet, den Alltag im Jahreskreis eines Schuljahres und kritische Lebensphasen einfacher, stressfreier und angenehmer zu bewältigen. Denn Zeitmanagement bedeutet ja auch, den Wechsel zwischen Arbeitszeit und Ruhezeit, zwischen Gespanntheit und Entspanntheit zu erkennen und zumindest teilweise bewusst zu steuern.

Die enthaltenen Fragebögen, Arbeitsblätter und Checklisten sind für Ihren persönlichen Gebrauch gedacht und bringen Sie Schritt für Schritt näher zu Ihren Erkenntnissen und den Konsequenzen daraus. Zögern Sie bitte nicht, dieses Buch gemeinsam mit einem Schreibgerät zur Hand zu nehmen und Ihre persönlichen Eintragungen vorzunehmen.

Ein bisschen Arbeit steckt also hinter dem Erreichen des angestrebten Ziels: eines individuell passenden und durchführbaren Zeitmanagements. Denn parallel zum Wissen über die Methoden, die zu einem besseren Umgang mit dem kostbaren Gut „Zeit“ führen und damit zu mehr Lebensqualität, werden Sie besondere Fertigkeiten entwickeln, ohne die Sie Ihre Zeitplanung nicht wirklich dauerhaft in den Griff bekommen. Ich spreche von Fertigkeiten wie Strukturieren, Planen, Delegieren, Neinsagen und Strategien entwickeln.

Dieses Buch möchte keine weiteren nicht befolgbaren Ratschläge zur Flut von guten Tipps hinzufügen. Im Gegenteil: Die konsequente Anwendung der Ideen, die Ihrer Situation entsprechen, wird Sie in Zukunft vor der Überbewertung neuer Trends und Moden bewahren.

Der Lohn für diese „Arbeit“ wird sich bestimmt einstellen und sichtbar werden, indem Sie weniger Stress verspüren und mehr Zeit gewinnen für die wirklich wichtigen Dinge Ihres Lebens.

Die wirklich wichtigen Dinge meines Lebens

- Allgemeine Werte und Bedürfnisse
- Meine eigenen Werte
- Prioritäten im täglichen Umfeld erkennen
- Ziele setzen
- Störfaktoren erkennen
- Kontrolle über mein Leben gewinnen

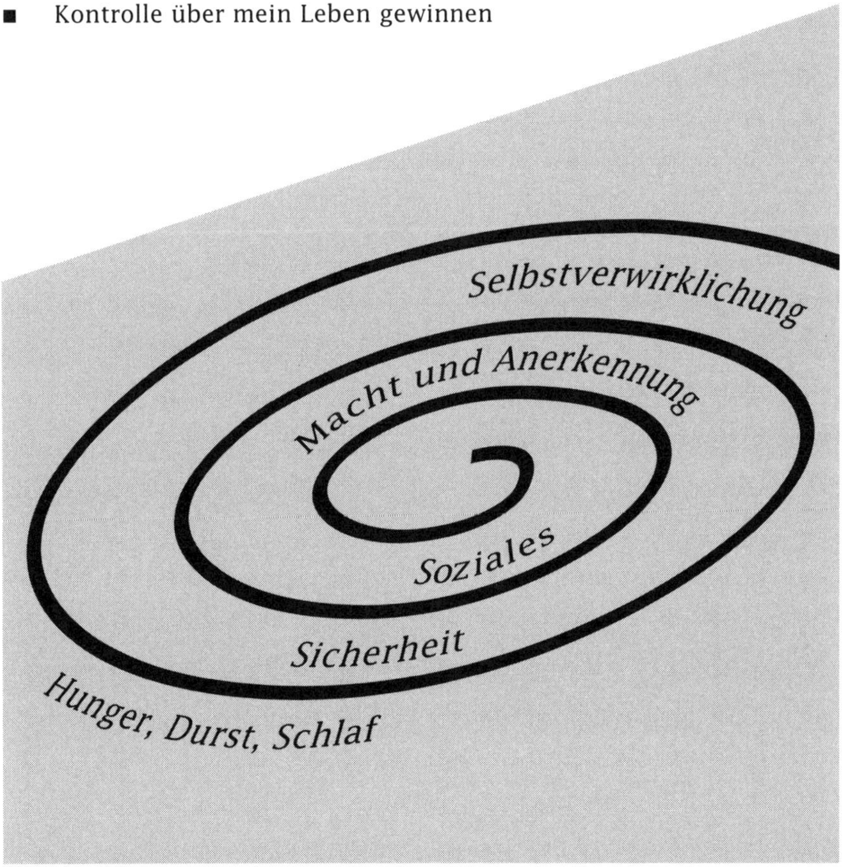

„Die wirklich wichtigen Dinge des Lebens" – das ist gar nicht so einfach zu definieren. Was ist schon wirklich wichtig? Sind es Dinge wie ein schuldenfreies Eigenheim, eine neue Küche, ein neues Auto, Antiquitäten, Schmuck, ein extravagantes Hobby oder ideelle Werte wie Familie, Freunde, persönliche Entwicklung, Weiterbildung, Ausbildung der Kinder?

Klar, dass all das und noch vieles mehr wichtig sein kann für einzelne Frauen und deren Familien. Verständlich auch, dass unsere Ansprüche nicht immer mit unseren Möglichkeiten über-einstimmen. Es gibt so viel Materielles, das wert wäre zu besitzen.
Und so viele reizvolle Aktivitäten verleiten zum Tun. Wie und nach welchen Kriterien soll da eine Entscheidung getroffen werden?

Aber nicht nur die angenehmen und interessanten Angebote des Lebens fordern unsere Entscheidungsfähigkeit. Die wichtigsten Fragestellungen im Leben einer Mutter lauten selten: „Fahre ich zum Shopping nach London oder Paris", oder „verbringe ich das Wochenende beim Golfen oder beim Paragleiten?"

Es sind einfach scheinende und auch alltägliche Überlegungen, die wir anstellen müssen, wie „Wer trägt den Müll hinaus?" oder „Welche Kinderbetreuung wähle ich für mein Kind während meiner Berufstätigkeit?". Entscheidungen, die auf den ersten Blick und vor allem für Außenstehende recht einfach und schnell zu klären sind.

Für diese und andere Fragen unseres Lebens sind bestimmte, für jeden Menschen unterschiedliche, Anschauungen und Lerngeschichten bestimmend. Individuelle Wertvorstellungen entstehen durch Erziehung, durch Vorbilder und sind zum Teil auch einfach durch unser Dasein als Mensch bestimmt.

Der bekannte Psychologe Abraham Maslow definierte eine Pyramide der Bedürfnisse, die vom einfachen Überleben bis hin zur Selbstverwirklichung auf höchster individueller Ebene die Grundbedürfnisse der Menschen repräsentiert. Daneben haben weitere Forschungen zusätzliche Bedürfnisse, wie jene nach Macht und Einfluß, nach

Anerkennung, Liebe und Freiheit, Freude sowie Vergnügen ergeben, die sich jedoch ebenfalls in der Bedürfnispyramide nach Maslow finden.

In unserer westlichen Gesellschaft des allgemein hohen Lebensstandards gehen wir meistens davon aus, dass die grundlegenden Bedürfnisse, wie Nahrung, Bekleidung, Wohnen, erfüllt sind. Nur selten machen wir uns darüber Gedanken. Mehr besitzen zu wollen als das Notwendige im Bereich der Grundbedürfnisse, steht meistens als Symbol für die Erfüllung anderer Bedürfnisse. So entspringt der Wunsch nach einer neuen Küche selten der nackten Notwendigkeit, sich Speisen zubereiten zu können. Häufig steht eine derartige Anschaffung für den Wunsch nach Demonstration materiellen Wohlstands und damit nach Anerkennung von außen.

Vor allem Frauen haben im allgemeinen einen ausgeprägten Wunsch nach Erfüllung ihrer Bedürfnisse: Anerkennung, Liebe und Harmonie. Und diese Sehnsüchte verleiteten sie in hohem Maß dazu, es allen Menschen recht machen und allen Ansprüchen genügen zu wollen.

Wenn der Maßstab, an dem wir unser Verhalten und unsere Ziele messen, sehr hoch ist, fällt es schwer Gewünschtes zu erreichen. Wir werden dann immer wieder unzufrieden sein, und stets meinen, irgendeinem Anspruch nicht genügt oder irgend etwas vergessen zu haben.

Deshalb sollten die Ziele, die wir uns kurzfristig und langfristig setzen, machbar und überprüfbar sein. Dazu müssen auch die Werte passen, die wir erworben haben und auf denen unser Leben aufgebaut ist.

Um festzustellen, welche in Ihrer momentanen Lebenssituation die wichtigsten Werte sind, ersuche ich Sie, anhand der folgenden Tabelle Ihre Schwerpunkte zu ermitteln.

Tragen Sie bitte in die zweite Spalte Ihre Prioritäten (1–14) und in die dritte die von Ihnen geschätzte aufgewendete Zeit pro Woche ein.

Priorität	**Platz**	**Zeitverbrauch**
Beruf		
Partnerschaft		
Kinder		
Familie		
Freunde		
Ordentlicher Haushalt		
Gutes Essen und Trinken		
Haus und Garten		
Spezielles Engagement (Verein, Politik, usw.)		
Bildung		
Hobby 1		
Hobby 2		
Hobby 3		
Persönliches		

Sie werden jetzt wahrscheinlich ein konkretes Missverhältnis zwischen einzelnen Lebensbereichen und der dafür aufgewendeten Zeit erkennen (sowohl zu viel als auch zu wenig). Versuchen Sie gleich jetzt, daran etwas zu ändern und Ihre verfügbare Zeit realistisch umzustrukturieren.

Fangen Sie an, einige wenige Punkte zu verändern, von denen Sie glauben, dass Sie sie schaffen können, und setzen Sie sich im folgenden Fragebogen ganz ehrlich damit auseinander.

(Das ist Ihr persönliches Arbeitsbuch, das Sie niemandem zeigen müssen.)

Datum:

Was will ich wirklich konkret erreichen?
Beispiel: Einmal pro Woche drei Stunden für mich und mein Hobby aufwenden, inklusive An- und Abfahrt, sowie Vor- und Nachbereitungen.

Was will und muss ich dafür tun?
Beispiel: Kinderbetreuung organisieren.

Wann genau will ich damit anfangen?
Beispiel: Nächsten Montag.

Wie lange werde ich es mindestens probieren?
Beispiel: Einen Monat lang.

Wie werde ich mich möglicherweise selbst bei der Erreichung meines Ziels behindern?
Beispiel: Ich denke mir beim ersten Widerstand, „es ist ja doch nicht so wichtig, die sorgfältige und liebevolle Betreuung meines Kindes kann ja doch nur ich durchführen ..."

Wie kann ich mich selbst motivieren?
Beispiel: Ich stelle mir vor, wie ich es genießen werde, meine Familie am Abend nach meinem Hobby wieder zu sehen, und wie wir uns dann freuen.

Wer kann mich beim Erreichen meines Zieles unterstützen?
Beispiel: Mein Mann, indem er die Kinderbetreuung übernimmt; Hilfe und Entlastung durch meine Mutter, eine bezahlte Leihoma, ...

Welche Umgebungsbedingungen fördern das Erreichen meiner Ziele?
Beispiel: Nachbarschaftliches Netzwerk, das gegenseitige Hilfe gibt, genug Geld und Wille, Leihoma zu bezahlen, ...

Welche Schwierigkeiten sind von anderen zu erwarten?
Beispiel: Einwände meines Mannes, dass die Kinder nicht qualitativ

hoch genug betreut werden. Befürchtungen, dass die Kinder keine anderen Personen – außer den Eltern – als Aufsicht akzeptieren könnten.

Welche Umgebungsbedingungen werden mich möglicherweise behindern?
Beispiel: Keine Oma, außerhalb des Ortes gelegener Wohnsitz.

Woran erkenne ich, dass ich meinem Ziel näher gekommen bin?
Beispiel: Dass ich die geeigneten Rahmenbedingungen geschaffen habe, dass ich mindestens zweimal meinem Hobby nachgegangen bin.

Der Termin für die erste Überprüfung, ob Sie auf dem richtigen Weg sind, sollte nach drei bis vier Wochen stattfinden!

Kontrollfragen für die erste Überprüfung:

- Woran hat es gelegen, dass ich meinem Ziel näher gekommen bin (genauso weit entfernt bin wie vorher)? Fördernde und hemmende Faktoren?
- Will ich dieses Vorhaben wirklich erreichen?
- Wenn ja, wie muss ich künftig vorgehen?

Sie haben nun den ersten, wichtigsten Schritt zu mehr Zielorientiertheit und damit zu mehr Zufriedenheit getan. Zu mehr Zufriedenheit vor allem deswegen, weil Sie genau festgehalten haben, woran Sie erkennen werden, dass Sie auf dem richtigen Weg sind. Häufig passiert es uns ja, dass wir unseren Ansprüchen längst gerecht werden, dies aber nicht erkennen, weil wir das, was wir erreichen wollen, nicht ausreichend definiert haben. Das wird Ihnen diesmal nicht passieren! Wenn Sie auf dem richtigen Weg sind und wenn Sie Ihre Vorsätze und Vorstellungen erreicht haben, werden Sie das erkennen und stolz darauf sein.

Denn um Gewohnheiten ändern zu können, ist es wichtig, dass
wir verstehen, warum wir sie ändern wollen und welche neuen Angewohnheiten wir annehmen wollen;
wir einen ganz starken Wunsch nach Veränderung haben;
wir wissen, wie wir die Veränderung unserer Gewohnheiten angehen sollen.

Was wir dazu brauchen, sind vor allem Zeit, Geduld und Willenskraft, um durchzuhalten.

Sie fragen sich vielleicht jetzt, ob es nicht mehr Arbeit bedeutet, wenn Sie sich ernsthaft mit all den Fragebögen, den Tests und dem Hinterfragen Ihrer Lebenssituation auseinander setzen. Ich gebe Ihnen recht: Es bedeutet im Augenblick tatsächlich mehr Arbeit, sich mit diesen zusätzlichen Dingen auseinander zu setzen. Letzten Endes, und das verspreche ich Ihnen, werden Sie aber Stress und Hektik abbauen – wenn Sie es ernst meinen.

Oder Sie werden erkennen, dass ein bestimmtes Maß an Stress und Hektik einfach zu Ihrer persönlichen Lebensführung gehört. Wenn das zutrifft, dann besteht wenigstens kein Grund mehr, sich darüber aufzuregen, denn Sie haben die Situation im Griff.

Ein wesentliches Kriterium für das Empfinden von Stress ist das Gefühl, eine Situation nicht zu kontrollieren. Weitere Kriterien dafür sind die Länge, die Wiederholung und die Unvermeidbarkeit einer belastenden Situation. Wenn Sie Ihren Alltag als Mutter überdenken, werden Sie wahrscheinlich zum Ergebnis kommen, dass Sie oft solchen Situationen gegenüberstehen, in denen genau diese Faktoren wirksam werden.

Bewerten Sie bitte, welche Situationen Ihres Alltags Sie als belastend empfinden und wo die Kriterien

- Unkontrollierbarkeit
- Wiederholung
- Häufigkeit
- Länge

zu treffen.

Stellen Sie sich dazu bitte Ihren typischen normalen Arbeitstag vom Morgen bis zum Abend vor.

Zeit	**Tätigkeit**	**Mögliche Störung**	**Unkontrol-lierbarkeit**	**Wieder-holungen**	**Häufigkeit**	**Länge**
6.00–7.00 (z.B.)	Frühstück zubereiten	Baby schreit, will gefüttert werden Schulkind braucht Hilfe beim Anziehen	ja			30 min 5 min

Sie sollten nach Bearbeitung dieses Fragebogens erkennen, wo in Ihrem normalen Alltag typische Stress-Situationen auftreten.

Zusammenfassung

- Sie haben nun Ihre persönlichen Werte, Einstellungen, Prioritäten und Ziele gründlich beleuchtet.
- Dabei haben Sie wahrscheinlich Situationen entdeckt, die Sie verändern wollen.
- Bleiben Sie bei Ihren Vorsätzen! Es geht um Ihr Leben, Ihre Gesundheit, Ihr Wohlbefinden.

Noch immer Ferien im August

- Ferien-Langeweile bekämpfen
- Feste feiern
- Auf die Schule vorbereiten
- Schulanfang – gut organisiert

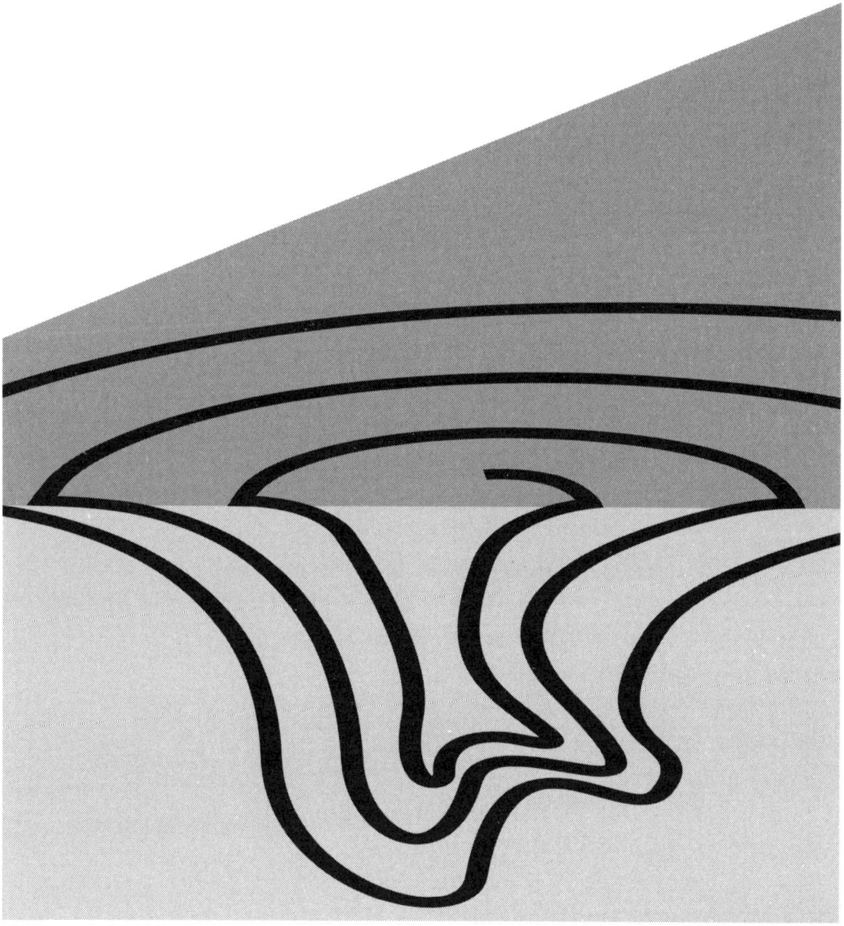

Im August ist erfahrungsgemäß die erste Ferieneuphorie schon dahin. Meist ist auch schon der größte Teil des Urlaubs vorbei. Die erste Langeweile kommt auf. Auch gestritten wird jetzt häufiger. Die Kinder beginnen ihre gewohnte Struktur zu vermissen, langweilen sich. Gerade jetzt ist es notwendig, Strategien parat zu haben, mit denen man sich selbst und der Familie die Freizeit interessant gestaltet. Die Urlaubsplanung und -gestaltung werden wir später im Jahr behandeln, in diesem Kapitel geht es darum, die restlichen Ferientage noch sinnvoll zu nutzen, und das mit möglichst wenig Nervenverschleiß auf allen Seiten.

Unsere nächsten Themen sind daher:

- Beschäftigungsmöglichkeiten für Kinder, wenn der Urlaub schon vorbei ist;
- Gestaltung eines Ferien-Abschluss-Festes;
- Einstimmung der Familie auf den Herbst mit neuen oder gewohnten Verpflichtungen.

Ein großes Problem ist der Mangel an Zerstreuung und ein damit verbundenes Unlustgefühl, das sich bei den Kleinen meist gegen Ende der langen Sommerferien breit macht.

Sollten Sie gerade Familienfrau sein und diese Zeit „hautnah“ mit Ihren Kindern durchleiden, fühlen Sie sich wahrscheinlich am meisten dafür verantwortlich, eine „sinnvolle“ Freizeitgestaltung zu bieten.

Wenn für Sie als berufstätige Mutter Ihr Urlaub bereits zu Ende ist, haben Sie sich natürlich überlegt, welches Programm Sie in der restlichen Ferienzeit organisieren, in der weder Sie noch Ihr Lebenspartner tagsüber Zeit haben.

Wer in dieser Situation über eine Oma auf dem Land oder andere familienähnliche Betreuungsstrukturen verfügt, ist in einer glücklichen Situation. Denn Ortsveränderung, die Freiheiten und Abenteuer, die ungewohnte Rahmenbedingungen für Kinder bieten, halten diese „bei Laune“. Auch Feriencamps, die von verschiedenen Organisationen, wie Pfadfindern, Kinderfreunden, kirchlichen Institutionen und anderen Vereinen angeboten werden, sind hervorragende Betreuungsmöglichkeiten, wo Kinder sowohl verschiedene fachliche als auch soziale Kompetenzen erwerben können.

So braucht man sich in dieser Zeit auch nicht um die Unternehmungen der Kids zu kümmern – wenn es gelingt, in dieser Situation „loszulassen“ und mit gutem Gewissen auch einmal an sich zu denken. Ein Programm suchen meistens Mütter aus dem städtischen Bereich. Auf dem Land helfen nachbarschaftliche und freundschaftliche Beziehungen.

Daher möchte ich an dieser Stelle hauptsächlich auf das Problem der „Stadt-Mutter“ eingehen. Sie hat keinen eigenen Garten oder eine Spielfläche in unmittelbarer Nähe, und muss daher mit den Kindern gemeinsam zu Veranstaltungen oder ins Grüne fahren.

Einige der vorher erwähnten Organisationen bieten Tagesveranstaltungen an. Auch jene Einrichtungen zur Kinderbetreuung, die während des Schuljahres die Nachmittagsbetreuung von Kindern wahrnehmen, bieten häufig Journaldienste für die Ferien an. Größere Gemeinden führen Ferienspiele durch, in die man jederzeit einsteigen kann und bei denen Spiel und Spaß für die Kinder nicht zu kurz kommen. Von Tourismusverbänden und Gemeinden gibt es immer öfter eigene Kinderveranstaltungen.

Nicht zuletzt findet man in den Tageszeitungen gerade während der Ferien täglich einige Möglichkeiten zur Freizeitgestaltung in Stadt und Land für die ganze Familie.

Allen diesen Angeboten sind pädagogische Überlegungen entsprechend der jeweiligen Altersstufe vorausgegangen. Sie sind daher auch meist bedenkenlos zu empfehlen, wenn man die Persönlichkeit der eigenen Kinder bei der Auswahl berücksichtigt.

Ist nun gegen Mitte, Ende August das Ende der Ferien in Sicht, wird es Zeit, sich mit dem nahenden Schulbeginn auseinanderzusetzen. Müssen Nachprüfungen abgelegt werden, war das Lernen für den entsprechenden Gegenstand hoffentlich ohnehin ein fixer Bestandteil der Ferien.

Aber auch für durchschnittliche oder sogar gute Schüler sollte spätestens gegen den 20. August die Umgewöhnung Ferien/Schule beginnen. Hefte und Bücher des letzten Schuljahres sollten Sie mit ihrem Kind wieder systematisch durchsehen. Sie sollten dabei den Gegenständen mehr Augenmerk schenken, die nicht so beliebt waren und daher wahrscheinlich auch nicht so erfolgreich absolviert wurden.

Manche Lehrer machen sich die Mühe, so etwas wie ein kleines Tagebuch fürs Lernen in den Ferien zu gestalten, in dem sie Wiederholungen des Stoffes vorgeben. Dies stellt eine sehr individuelle Möglichkeit des Trainings dar.

In Buchhandlungen gibt es unzählige Arbeitshefte, die sich aufgrund der Erfahrungen vieler Lehrer mit den häufigsten Schwachpunkten einzelner Schüler gezielt beschäftigen. Diese Hilfen sollte die am Lernfortschritt interessierten und beteiligten Mütter in Anspruch nehmen. Es bleibt ihr jedoch nicht erspart, das Lernen zu verfolgen. Sowohl Kontrolle als auch Hilfe und Korrektur werden nötig sein. Vor allem müssen Sie nach getaner Arbeit Lob als Motivationshilfe einsetzen, denn es ist in jedem Fall eine besondere Leistung des Kindes, sich in den Ferien zu den Büchern zu setzen. Das Lob von Mutter oder Vater ist am schönsten und am wirkungsvollsten, da es unmittelbar Zuwendung und daher Anerkennung und Liebe bedeutet.

Trotzdem können Sie die Durchführung der eigentlichen Lerneinheiten delegieren, und zwar an eine Person, die sowohl das Kind respektiert, die aber auch vom Heranwachsenden anerkannt wird. Außerdem soll sie die nötige motivierende Vorgangsweise besitzen, um zum Arbeiten anzuspornen. Dies können professionelle Betreuungspersonen sein, aber auch Studenten, Freunde, Großeltern und andere willige „Aushilfslehrer“.

Der Tagesablauf sollte sich nun immer mehr dem „Schulalltag“ angleichen: Also weniger lange aufbleiben am Abend und dafür am Morgen zeitiger aufstehen. Das sollten Sie in den letzten beiden Wochen Schritt für Schritt wieder einführen. Kinder passen sich zwar meistens gut an notwendige äußere Umstände an, es bedeutet aber eine große Leistung, sich wieder zu disziplinieren und rechtzeitig für den Schulbeginn aus den Federn zu kriechen. Dazu bedarf es einiger Übung und damit sollten Sie nicht erst zu Schulanfang beginnen.

All diese Maßnahmen haben das Ziel, das süße Nichtstun behutsam zu beenden und in den normalen Schulalltag überzuleiten. Ähnliches gilt auch für den Kindergarten: Spätestens im August sollte die seelische Vorbereitung auf den neuen Lebensrhythmus beginnen.

Jede neue Situation macht ein bisschen Angst. Bezugspersonen und Kinder sind gleichermaßen betroffen und verunsichert, was der Eintritt in den Kindergarten, der Schulanfang, der Wechsel von der Volksschule in eine höhere Schule wohl bedeuten wird.

Ganz falsch ist es in jedem Fall, mit Drohungen oder Angstparolen die Unsicherheit zu erhöhen. Statt dessen sollten Sie die Zusammenhänge erklären und die Vorteile der neuen Situation herausstreichen. Fragen sollten Sie ernst nehmen und so gut es geht beantworten.

Kleine Rollenspiele helfen, die Angst vor dem Unbekannten ein wenig zu mindern. Wird das Lesen schon beherrscht, können Sie Ihre Schützlinge mit entsprechenden Kinderbüchern auf die neue Situation vorbereiten.

In jedem Fall ist es wichtig, dass sich die ganze Familie positiv zur erwarteten Situation äußert, um das Kind nicht mehr als nötig zu verunsichern.

Was das Thema Zeitmanagement angeht, ist es meist unvermeidbar, dass sich in veränderten Situationen auch die Zuständigkeiten und Planungen nicht gleich bleiben. Probedurchgänge sollten Sie bereits während der Ferien durchführen und die neuen Abläufe simulieren.

Vielleicht müssen Sie auch die Prioritäten im Haushalt neu setzen und Rollen und Aufgaben neu verteilen. Mit Hilfe von Checklisten und sogenannten „To-do-Listen" kann dies leicht und effizient geschehen.

Einkäufe, die unabhängig von den Wünschen der Kindergärtner oder Lehrer erfolgen, z.B. Herbst- und Winter-Bekleidung, können Sie durchaus bereits Ende August erledigen.

Um eine deutliche Grenze zwischen Ferien und Schulbeginn zu ziehen, bietet sich die Veranstaltung eines Festes oder der Besuch eines besonderen Ereignisses an. Ein letztes sommerliches Grillfest für Freunde und Familie, ein Besuch auf einem Rummelplatz oder in einem der Freizeitparks bieten die Gelegenheit, noch einmal so richtig ausgelassen und kommunikativ die Freizeit zu genießen.

Bei solchen Gelegenheiten lernen Kinder, Grenzen zwischen Arbeits- und Freizeit, zwischen Pflichterfüllung und Ausgelassenheit wahrzunehmen. Nicht nur Goethe stellte fest, dass es einen Unterschied gibt zwischen „saurer Arbeit und frohen Festen". Es ist ja eine Alltagserfahrung, dass wir den Unterschied zwischen frei gestaltbarer und kontrollierter Zeit erleben müssen, um die Vor- und Nachteile beider Situationen zu spüren.

Checkliste für Feste

Mit einer Checkliste, in der Sie die Grobplanung standardisiert bereits vorwegnehmen, sparen Sie Zeit bei der Vorbereitung.

Anlaß	**Personenzahl** Kinder: Erwachsene:	
Zeitrahmen	**Dauer des Festes**	**Vorbereitungs-dauer**
Einladungen schriftlich:	**Einladungen** mündlich:	**Kosten**
Helfer bei der Vorbereitung Familie / Verwandte Freunde bezahlte Helfer Gäste	**Information über Datum / Zusage**	**Kosten**
Spiele Spielzeug Bewegungsspiele Verkleidungsspiele	Zubehör vorhanden / zu besorgen	**Kosten**
Geschenke / Preise	vorhanden / zu besorgen	**Kosten**
Unterhaltung Zauberer Animateur/e	**Information über Datum / Zusage**	**Kosten**

Speisen	**zu besorgen / wer / wann?**	
Getränke	**zu besorgen / wer / wann?**	
Ausstattung Sessel Tisch Sonnenschirme Geschirr Besteck Servietten Aschenbecher Lampions Kerzen Fackeln Sonstiges		
Dauer des Zusammenräumens		
Helfer beim Zusammenräumen Familie / Verwandte Freunde bezahlte Helfer Gäste		
Sonstiges		**Allfällige Kosten**

Um Ihr Fest zu einem Erfolg werden zu lassen, empfiehlt es sich in jedem Fall, folgende Tipps zu beachten:

Mit der Vorbereitung angemessen früh beginnen, heißt,

- Einladungen mindestens drei Wochen vorher auszuschicken und Detailvorbereitungen mindestens eine Woche vor dem Termin zu erledigen;
- Helfer und bezahlte Dienste rechtzeitig (mindestens vier Wochen vorher) anzufragen;
- alle Hilfsangebote anzunehmen und zu koordinieren;
- so viel wie möglich fix und fertig vorzubereiten;
- Zuständigkeiten für diverse Arbeiten während des Festes vorher festzulegen und einzuhalten, z.B. Aschenbecher auszuleeren, Getränke nachzufüllen etc.

Bei großen Einladungen empfiehlt sich auch hierfür eine Checkliste vorzubereiten und danach vorzugehen.

Noch einige Tipps für die Durchführung von Festen, an denen auch Kinder beteiligt sind:

- Nur so viele Kinder einladen, wie Sie wirklich betreuen können und wollen.
- Je jünger die Gäste sind, umso weniger sollten Sie einladen.
- Nicht zuviele Variationen an Speisen und Getränken vorbereiten, Kids bevorzugen die üblichen Lieblingsspeisen wie Hamburger, Grillhähnchen, Spaghetti und Palatschinken. Die Enttäuschung ist sonst vorprogrammiert.
- Genügend Getränke und Knabberzeug im Haus haben.
- Am besten Papp- oder Plastikgeschirr verwenden und die Kinder zum selbstständigen Entsorgen in ausreichend vorhandene Behälter animieren.
- Abwaschbare Plastiktischdecken auflegen und am Tisch befestigen.

- In Wohnungen den Boden des Veranstaltungsraums abdecken oder zumindest Teppiche entfernen.
- Bis zum Gymnasialalter empfiehlt es sich auch, ein gut durchdachtes Programm (mit Animateur) zu gestalten.

Es gilt bei Kinderfesten genauso wie bei Einladungen für Erwachsene, dass allzu großer Ehrgeiz und Perfektionismus die Freude an der Kommunikation und am Ereignis trüben können. Nehmen Sie daher die Planung der Feste ernst, aber stressen Sie sich und Ihre Familie nicht mit überzogenen Ansprüchen.

Melancholie im September?!

Der September ist wohl einer der arbeitsintensivsten Monate für Mütter. Vor allem für Kindergarten- und Schulkinder ist eine Unmenge zu erledigen. Um so mehr gilt auch hier das Prinzip der Planung, Vorbereitung, Durchführung und des Delegierens.

Was immer Lehrer und Kinder an Besorgungen von Ihnen verlangen, überlegen Sie zuerst, wie Sie alles am besten koordinieren können. Warten Sie die erste Kindergarten- oder Schulwoche ab, dann haben Sie meistens den Überblick über die Dinge, die zu besorgen sind, und gehen Sie dann gezielt vor.

Erstellen Sie Listen, in denen Sie gleichartige Dinge zusammenfassen, stellen Sie die Besorgungen so zusammen, dass Sie ähnliche Artikel auf einmal im entsprechenden Geschäft kaufen können. So sparen Sie Zeit, Fahrtkosten und Nerven.

Ersuchen Sie Verwandte, Freunde und vor allem auch Ihren Partner, einen Teil der notwendigen Erledigungen zu übernehmen. Wenn Sie vorher die Notwendigkeiten klären und allenfalls ein Preislimit setzen, beugen Sie Missverständnissen und Ärgernissen vor.

Eine Checkliste für den Schulanfang könnte so aussehen:

Artikel	Stück	Größe	Geschäft/e	Wer?	Wann?	Höchstpreis
Schreibwaren						
Sportbekleidung						
Bücher						
Handarbeits-/Werkunterricht-Zubehör						
Sonstiges						

Zusammenfassung

- Gewöhnen Sie bereits ab August ihre Kinder an bestimmte Routinen, wie sie im Schulalltag gefordert werden.
- Organisieren Sie ein Fest zum Ferienende, bei dem alle mithelfen.
- Stellen Sie Geselligkeit und Freude in den Mittelpunkt Ihrer Party, nicht Arbeit und Perfektion.
- Bereiten Sie den Schulbeginn gründlich vor.

Ein Baby ist da – Stress pur!

- Praktische Organisation rund um den Familienzuwachs
- Psychologische Fallen
- Bewährte Entlastungsmöglichkeiten

Brigitte erwartet ihr zweites Kind. Christian ist ja schon groß, er ist bereits 8 Jahre alt, geht in die zweite Klasse Volksschule und freut sich auf das Baby. Eigentlich weiß Brigitte genau, worauf es ankommt bei der Betreuung eines Säuglings und was sie zu erwarten hat. Trotzdem, acht Jahre sind eine lange Zeit und Brigitte ist inzwischen wieder als Sekretärin berufstätig. Sie arbeitet ganztags, Robert, ihr Mann, hilft bei der Organisation der Familie, so gut er kann. Das ist zwar nicht immer viel, da er als freiberuflicher Fotograf sehr viel und oft unterwegs ist, aber die Familie kommt gut mit der Arbeitsaufteilung zurecht. Sogar Christian hat bereits seine fixen kleinen Aufgaben, wie Müll sammeln und entsorgen.

Und jetzt wird das Baby diese Einteilung wohl ein bisschen durcheinander bringen. Ganz gelassen sieht Brigitte daher der Geburt von Anna – sie weiß bereits, dass es ein Mädchen wird – nicht entgegen. Neben den normalen biologisch begründeten Ängsten macht sie sich schon Sorgen über die zukünftige Planung des Haushalts, der Freizeit und vor allem über ihren eigenen neuerlichen Ausstieg aus ihrem Beruf. Denn Brigitte arbeitet gerne als Sekretärin eines mittleren Unternehmens. Organisation ist hier auch ihre Hauptaufgabe. Aber mit erwachsenen Menschen organisiert es sich eben leichter als mit unberechenbaren Babys, die fast uneingeschränkte Aufmerksamkeit benötigen; denen man sofort zur Verfügung stehen muss, wenn sie Wünsche äußern.

Diese und ähnliche Gedanken gehen Brigitte manchmal durch den Kopf, vor allem in den letzten Wochen der Schwangerschaft. Die Vorfreude überwiegt natürlich und die acht Wochen, die sie vor der Geburt bereits zu Hause ist, nützt sie für alle Vorbereitungen. Das Kinderbettchen ist vorbereitet, es wird im Schlafzimmer stehen. Brigitte weiß bereits von Christians Babyzeit, dass es während der Nacht am bequemsten ist, einfach nur neben sich zu greifen, den weinenden Säugling zu stillen. Auch ein Wickeltisch ist vorbereitet, die kleine Badewanne wieder aktiviert und alle nötigen Einkäufe wie Babybekleidung und -zubehör, Kinderwagen sind bereits getätigt.

Auch die obligate Reisetasche mit Brigittes persönlichen Sachen und einer Neugeborenenausstattung steht griffbereit im Vorzimmer, sodass Brigitte sich jederzeit auf den Weg ins Krankenhaus zur Entbindung machen kann. Brigitte hat sich auch noch einige unerledigte private Briefe vorbereitet und alle Unterlagen für die Geburtsanzeige, denn sie weiß aus Erfahrung, dass die Tage im Krankenhaus ziemlich langsam vergehen. Das Baby schläft ja noch im Kinderzimmer und das Baden und Wickeln teilt sie mit den Kinderschwestern, sodass sie diese letzte Zeit der Ruhe noch nützen möchte.

Als es so weit ist und Brigitte mit Anna nach Hause zurückkommt, hat sie schon ein bisschen „Bauchweh". Wird Christian wirklich so lieb und rücksichtsvoll auf den kleinen „Störenfried" reagieren, wie er das noch im Krankenhaus getan hat? Wird Robert nicht auch eifersüchtig sein, wenn fast ihre gesamte Zuwendung den Kindern gelten wird? Und vor allem, wie wird sie das alles schaffen?

Gott sei Dank hat sie vorgesorgt und mit ihrer Mutter, die schon in Pension ist, vereinbart, dass diese drei Vormittage in der Woche auf Anna schaut und dabei auch den Haushalt mit betreut. Diese Vereinbarung wird sich in der täglichen Praxis noch sehr bewähren. Denn Brigitte merkt schon, das ist alles ein bisschen viel: Baby, Haushalt und großer Bub, dem sie bei den Aufgaben helfen muss und nicht zuletzt der Partner, der auch mit ihr beisammen sein will.

Obwohl sie sich gut auf den neuen Tagesablauf vorbereitet hat, gibt es jetzt doch noch einige Änderungen durch vorher nicht bedachte Tätigkeiten.

In den ersten Wochen nach der Geburt erledigte Brigitte alle Arbeiten an jenen Tagen, an denen sie Unterstützung von ihrer Mutter erhielt. So konnte sie sich Christian widmen, wenn er von der Schule heimkam.

Seltsamerweise fühlte sie sich nicht erleichtert oder zufrieden, wenn Christian von der Schule kam und sie Zeit hatte. Im Gegenteil, sie war gereizt und hatte wenig Geduld für ihn bei der Kontrolle der Hausübungen.

Ihre Freundin Silvia, mit der sie ein langes Telefonat führt und der sie ihr Leid klagt, hat einen Tipp: „Nimm dir doch an den drei Vormittagen Zeit für dich. Schlaf dich aus, geh bummeln, zum Friseur oder ins Fitness-Studio. Tu etwas für dich!“

Zuerst zweifelte Brigitte am Wert dieser Empfehlung. Konnte sie das denn tun? Während ihre Mutter auf das Baby schaute und bügelte oder staubsaugte, sollte sie sich einen schönen Tag machen? Andererseits, wer verbrachte denn halbe Nächte mit dem Baby, wenn es Bauchweh oder andere kleine oder große Wehwehchen hatte? Eigentlich durfte sie sich das gönnen.

Und Christian würde die Aufgaben zumindest eine Zeit lang in der Schule machen. Nachmittagsbetreuung wurde da ohnehin angeboten und dies wollte sie ausnützen. Vielleicht war das ja auch gleichzeitig eine Chance für ihn, endlich selbstständiger zu werden.

Klingt diese Geschichte wie ein Märchen für Sie? Haben Sie die gleiche Situation ganz anders erlebt oder sind Sie gerade mitten drin und fühlen sich gestresst und zugleich gelangweilt, müde und unzufrieden? Dann ändern Sie bitte etwas!

Möglicherweise haben Sie keine Mutter, die Ihnen Arbeit abnehmen könnte. Aber Sie haben vielleicht Freundinnen, die gerade in einer ähnlichen Situation wie Sie sind und sich auch gerne einmal frei nehmen wollen. Dann gründen Sie doch gemeinsam mit ihnen eine „Interessengemeinschaft für Babybetreuung“. Wechseln Sie sich in regelmäßigen Abständen bei der Kinderbetreuung ab, sodass jede von Ihnen wenigstens ein Mal pro Woche einen freien Halbtag hat.

Und nehmen Sie den Haushalt nicht zu wichtig!

Natürlich ist es schön, einen gepflegten Haushalt zu haben, aber in dieser Situation gibt es andere Prioritäten. Eine kleine Hilfe kann es sein, wenn Ihr Haus oder Ihre Wohnung groß genug ist, dass Sie die Babybetreuung nur in bestimmten Räumen abwickeln und so die dazu nötigen Dinge nicht überall verstreut liegen. Oder stellen Sie in jedem Raum eine nette Kiste auf, in der sie die Spielsachen, Lätzchen und Fläschchen sammeln und einmal am Tag ordnen und wegräumen. Das wichtigste ist allerdings, dass Sie sich selbst nicht vergessen. Je zufriedener Sie selbst sind, umso mehr können Sie Ihrer Familie geben.

Scheuen Sie sich nicht, Unterstützung und Hilfe zu organisieren. Sie müssen nicht die Superhausfrau und -mutter sein, die alles allein und mit links schafft. Niemand schafft alles allein, wer das behauptet, lügt schlichtweg oder hat geringere Ansprüche.

Nützen Sie die Möglichkeiten von vorhandenen Babybetreuungsdiensten, Familienhelferinnen, Verwandten, Freunden und der eigenen Familie. Wenn Sie lieber Ihr Baby betreuen als einzelne Hausarbeiten durchzuführen, engagieren Sie eine Hilfe für den Haushalt die Ihnen die unangenehmsten Arbeiten abnimmt. Denken Sie daran, es sind Ihre Nerven, es ist Ihre Gesundheit, die unter dem Einfluß von Stress und Unzufriedenheit nicht besser wird. Und es sind Ihre Lieben, die darunter leiden, wenn Sie grantig sind.

Und nebenbei bemerkt, es gibt Menschen, die gerne bügeln und sich freuen, wenn sie als Gegenleistung einmal etwas mit deren Kindern unternehmen.

Investieren Sie also Zeit in Überlegungen, wie Sie sich unter Ausnützung aller ihrer Möglichkeiten optimal organisieren können, damit Sie nicht auf der Strecke bleiben!

Zusammenfassung

- Organisieren Sie sich jede mögliche Unterstützung.
- Seien Sie kreativ, wenn es um Ihre Entlastung geht.
- Vergessen Sie die restlichen Familienangehörigen nicht.
- Und vor allem: Vergessen Sie sich selbst nicht!

Im Oktober geht das Lernen an

- Praktische Lernhilfen
- Organisierte Prüfungsvorbereitung
- Goldene Regeln für die Zusammenarbeit mit Ihrem Schulkind
- Bildungsangebote optimal nutzen

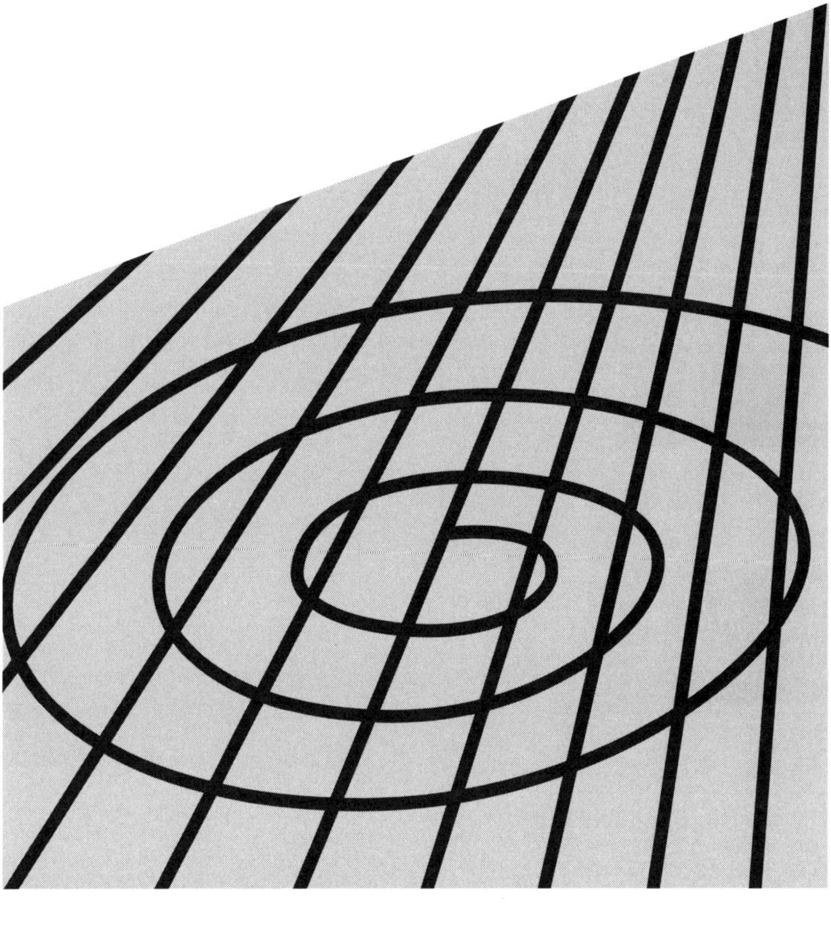

Der erste Stress des Schulanfangs ist vorbei, man kennt den Stundenplan, die Kinder haben die Anpassungsphase hinter sich gebracht. Jetzt geht's darum, die Schulleistungen in den Griff zu kriegen, ein System für das Lernen zu entwickeln und anzuwenden, Prüfungen und Schularbeiten mit entsprechendem Ergebnis zu bestehen. Es ist daher sehr wichtig, dass Kinder gleich von Anfang an mitlernen.

Und noch etwas ist wichtig: Fragen Sie so früh wie möglich bei den Lehrkräften nach, wie sie die Situation Ihres Kindes sehen. Erstens zeigt das, dass Sie sich für das Kind interessieren, und zweitens ist es von Beginn weg leichter möglich einzugreifen oder gar gegenzusteuern. Wenn es offensichtlich wird, dass ein Kind keinen Spaß am Lernen hat oder in dem einen oder anderen Gegenstand nicht so recht mitkommt, sollten Sie von vornherein auf das Defizit eingehen und dieses zu beheben versuchen.

Auch dabei gilt, nehmen Sie nicht alle Aufgaben und Details auf sich. Versuchen Sie, auch andere Betreuungspersonen einzubinden, was nicht immer heißt, dass Sie diese Unterstützung bezahlen müssen. Manche alleinstehende Person würde gerne das eine oder andere Mal einem Kind ein bisschen Wissen oder Lebenserfahrung abgeben und hat keine Gelegenheit dazu. Aber auch andere Mütter sind manchmal im Austausch für eigene Freizeit recht zufrieden, wenn sie einmal Ihr Kind mitbetreuen und umgekehrt. So kann man im Tauschwege zu mehr Freizeit kommen. Und nützen Sie diese Zeit für Dinge, die Ihnen wichtig sind – und damit meine ich nicht Staubsaugen! Gönnen Sie sich dann den längst fälligen Friseurbesuch, gehen Sie ins Kaffeehaus oder zu einer Ausstellung.

Nützen Sie Elternabende oder Begegnungen auf dem Schulkorridor, um sympathische Mütter anzusprechen und so ein „Netzwerk“ von Gleichbetroffenen zu schaffen. Denn auch ein gemeinsam verbrachter Nachmittag ist sinnvoll und nützlich, wenn die Kinder gemeinsam arbeiten oder spielen und man selbst Kaffee trinkt und Erfahrungen austauscht. Scheuen Sie sich nicht, diese Art von Kommunikation als wichtig zu betrachten. Bezeichnen Sie Ihr Treffen nicht wie häufig üblich als „Kaffeekränzchen“, sondern sehen Sie es als „Arbeitsbesprechung“, als „Sitzung“ oder als „Meeting“. Sie kennen das doch aus dem Berufsleben: Wie viele Sitzungen gibt es im Laufe einer Woche und wie effizient arbeiten die Teilnehmer an solchen Sitzungen? Die Antwort fällt unterschiedlich aus, aber sicher ist eines: Ohne Kommunikation mit Experten gibt es keine guten Ergebnisse. Und Sie und andere Mütter sind in dieser Situation nun einmal die Experten beim Thema Kinderbetreuung und -förderung.

Natürlich ist auch Ihr Partner als Experte gefragt. Er soll und darf seine Meinung sagen und sich mit Leistungen einbringen. Auch hier gilt es wieder, Vereinbarungen zu treffen und eigene Bedürfnisse anzumelden. Häufig ist es nämlich nicht böser Wille, dass Männer sich nicht einbringen. Es kommt sogar vor, dass Frauen gar nicht wollen, dass ihr Partner sich zu viel einbringt. Denn das kann natürlich auch bedeuten, ein Stück der alleinigen Entscheidungskompetenz abzugeben und damit muss frau auch erst fertig werden. Prüfen Sie also für sich selbst, wie Sie wirklich im Grunde Ihres Herzens dazu stehen, dass Ihr Partner sich einbringt, oder ob Sie in Wirklichkeit ganz froh sind, dass er Ihnen bei „Ihren“ Sachen nicht dazwischenredet (aber auch nichts einbringt).

Was nun die Organisation des Lernens betrifft, so gibt es einige allgemeine Regeln, die Sie und Ihr Kind beherzigen sollten.

- **Überfordern Sie Ihr Kind nicht!**
  Nicht jeder muss ein Einstein werden! Fordern Sie nur das, wovon Sie wissen, dass Ihr Kind auch in der Lage ist, es zu leisten. Wenn nötig, lassen Sie testen, wo seine Begabungen und Fähigkeiten liegen und wie diese gefördert werden sollen. Das soll nicht heißen, dass das, wozu der Heranwachsende nicht so begabt ist, gar nicht gelernt werden soll; aber Sie sollten wissen, wo Sie besondere Leistungen verlangen können und wo Sie sich mit durchschnittlichen Leistungen zu- frieden geben müssen. Das kann sich natürlich im Lauf der Schuljahre verschieben. Deswegen ist auch hier wieder das permanente Gespräch mit Ihrem Kind und dem Lehrer notwendig.

- **Setzen Sie Prioritäten!**
  Nicht jeder Gegenstand ist jeden Tag gleich wichtig. Nehmen Sie sich bei Zeitknappheit nur die wichtigsten Gegenstände vor.

- **Nehmen Sie sich nicht zu viel auf einmal vor!**
  Zerlegen Sie gemeinsam mit Ihrem Kind die Lernaufgaben in kleine Portionen. Damit verliert Ihr Sprössling die Scheu vor dem Anfangen. Machen Sie sich die Salamitaktik zunutze. Teilen Sie gemeinsam mit dem Kind die Portionen so ein, dass es sie überschauen kann und sich nicht überfordert fühlt.

- **Bereiten Sie Ihr Kind auf den kommenden Tag vor!**
  Nehmen Sie sich jeden Tag am Morgen oder am Vorabend zehn Minuten Zeit für die Vorbereitung des nächsten Tages. Das gilt übrigens nicht nur für die Vorbereitung des Lernens Ihres Kindes. Auch Sie selbst sollten sich für die Gestaltung und Vorbereitung Ihres Tages diese Zeit nehmen.

- **Helfen Sie Ihrem Kind bei der Konzentration!**
  Räumen Sie alle Ablenkungen vom Tisch, drehen Sie Fernseher und Radio im selben Raum ab. Richten Sie es so ein, dass Geschwister beim Lernen nicht stören und lenken Sie selbst das Kind auch nicht ab, indem Sie ständig nachfragen oder erklären.

- **Drängen Sie darauf, mit dem Lernen gleich zu beginnen!**
  Stundenlanges Bleistiftspitzen, Hefte zurechtlegen und in der Schultasche kramen bringen die Erledigung der Aufgabe nicht näher. Solche Beschäftigungen lenken nur ab. Wenn Ihr Kind wirklich noch etwas Ruhe braucht, gönnen Sie ihm eine vereinbarte Pause, bevor es anfängt. Diese Zeit sollte aber ohne schlechtes Gewissen genossen werden.

- **Spornen Sie dazu an, das Unangenehmste zuerst zu machen!**
  Wenn es um Aufgaben gleicher Priorität geht, empfiehlt es sich, das Unangenehmste als Erstes in Angriff zu nehmen. Die Erleichterung ist dann groß und die restlichen Aufgaben gehen gleich mit viel mehr Schwung von der Hand.

- **Helfen Sie, die Dauer von Aufgaben richtig einschätzen zu lernen!**
  Kontrollieren Sie am Anfang, wie lange Ihr Kind für welche Aufgabenarten benötigt und geben Sie ihm Rückmeldung darüber. Dadurch lernt das Kind, den notwendigen Zeitaufwand selbst einzuschätzen, was ihm später beim selbständigen Arbeiten helfen wird.

- **Lernpausen sind wichtig!**
Nach spätestens 50 Minuten ist eine Pause von 10 Minuten angebracht. Schüler brauchen Unterbrechungen, da die Konzentration in jedem Fall nachlässt. Das Kind soll in dieser Zeit den Arbeitstisch verlassen und ins Freie gehen. Ist dies nicht möglich, sind einige kleine Turnübungen bei offenem Fenster ein guter Ersatz.

- **Fehler sind erlaubt!**
Es ist zwar wichtig, dass Ihr Kind die Schule besteht und eine gewisse Ordnung lernt, aber prüfen Sie, ob Ihre eigenen Maßstäbe das Kind nicht überfordern. Diese Frage sollte natürlich auch mit der jeweiligen Lehrperson geklärt werden.

Dasselbe gilt auch für mögliche Zusatzangebote bei Sport, Sprachen, Musik und anderen Hobbys. Prüfen Sie kritisch, ob Ihrem Kind wirklich Zeit für zusätzliche Ausbildung bleibt und ob diese seinen Vorstellungen entspricht. Vielleicht sind es ja auch Ihre Interessen, die nun Ihre Kinder stellvertretend für Ihre versäumten Gelegenheiten leben sollen. Und bedenken Sie im Hinblick auf Ihr eigenes Zeitmanagement, dass es häufig Ihre Chauffeurdienste sind, die Sie einbringen müssen. Prüfen Sie vor dem Eingehen von Verpflichtungen, ob Sie diese Zeit haben und auch aufwenden wollen.

Zusammenfassung

- Überfordern Sie weder Ihr Kind noch sich selbst.
- Prüfen Sie Zusatzangebote auf die Begabungen Ihres „Nachwuchses“ und Ihre eigenen Möglichkeiten.
- Nehmen Sie bei Bedarf professionelle Hilfe in Anspruch.

Langeweile im November?

- Erste Weihnachtsvorbereitungen
- Haushaltsplanung mit geeigneten Instrumenten
- Arbeitsaufteilung Ist/Soll

Wenn der November ins Land zieht, ist Weihnachten nicht mehr weit. Denken Sie bereits jetzt daran, Weihnachtsgeschenke zu besorgen. Wenn Sie sich im Laufe des Jahres eine Liste der Personen vorbereiten, die Sie beschenken wollen und Ihre Beobachtungen oder eventuelle Wünsche gleich eintragen, sparen Sie sich kurz vor Weihnachten viele Überlegungen in letzter Minute. Im letzten Moment kommen ohnehin immer noch Änderungen oder Ergänzungen auf Sie zu.

Auch andere Feste wollen gefeiert und vorbereitet werden, wie Halloween, Allerheiligen, Martinsfest und vielleicht noch das eine oder andere persönliche Fest.

Traditionspflege ist eine schöne Sache und wenn es irgendwie möglich ist, sollten Sie dies auch in Ihrer persönlichen Zeiteinteilung berücksichtigen.

Für die Festvorbereitung gilt im Prinzip das bereits in Kapitel 2 Gesagte.

Nehmen Sie sich ausreichend Zeit für die Tage vor Festen und stellen Sie in diesen Stunden andere Dinge zurück. Auch gilt wieder die Regel: „Prioritäten setzen". Sie können wahrscheinlich nicht zur selben Zeit alle Betten überziehen, alle Fenster putzen und gleichzeitig ein Fest organisieren.

Berücksichtigen Sie also die Vorbereitung von Festen und die damit verbundenen Arbeiten rechtzeitig in Ihrem Jahresplan.

Beteiligen Sie die ganze Familie an diesen Vorbereitungen. Es erzeugt Gemeinschaftsgefühl und Freude, gemeinsam am Sonntag zu basteln oder Einladungen zu gestalten. Natürlich sollten auch hierbei wieder die Fähigkeiten der einzelnen Familienmitglieder berücksichtigt und entsprechend sinnvoll eingesetzt werden.

Laden Sie Gäste zu den verschiedenen Festen ein, binden Sie diese, wenn möglich in die Vorbereitungen ein. Es ist immer leichter, wenn Sie Aufgaben sinnvoll delegieren, als alles selbst zu machen, auch wenn nicht jede Kleinigkeit in Ihrem Sinne erledigt wird.

Vor dem obligaten Weihnachtsputz sollten Sie sich an dieser Stelle überlegen, wie sinnvoll in Ihrem Fall ein groß angelegter Haus- oder Wohnungsputz ist. Vielleicht ist es für Sie und Ihre Familie viel leichter, in jedem Monat des Jahres ein Zimmer gründlich zu putzen und das zweimal pro Jahr.

In jedem Fall ist es aber sinnvoll, die groben Arbeiten Ihren Ansprüchen entsprechend oft durchzuführen, allerdings nicht mit Schwerpunkt auf Ostern oder Weihnachten, weil zu diesen Zeiten ohnehin viel mit der Vorbereitung der Festtage zu tun ist.

Ganz am Anfang steht allerdings Ihr persönlicher Haushaltsplan. Und um diesen zu erstellen, benötigen Sie wahrscheinlich eine Ist-Analyse.

Es ist vor allem dann notwendig, den Dingen auf den Grund zu gehen, wenn Sie das Gefühl haben, dass Ihr Haushalt einfach nicht so läuft, wie Sie sich das vorstellen oder wenn Sie das Gefühl von Chaos und Unkontrollierbarkeit nicht loswerden.

Auch wenn Sie Ihren Haushalt ganz gut bewältigen, aber den Eindruck nicht los werden, dass einfach zu wenig Zeit für Sie selbst übrig bleibt, ist diese Ist-Analyse zu empfehlen.

Dafür ist es notwendig, sich einen Überblick über alle anfallenden Hausarbeiten zu verschaffen. Um dahin zu gelangen, müssen im ersten Schritt alle Hausarbeiten aufgelistet werden. Dadurch bekommen Sie zuerst einen Überblick über sinnvolle und weniger sinnvolle Abläufe und können dadurch besser entscheiden, wo Zeiteinsparungen möglich sind.

Die „gewonnenen" Stunden sollten sie für sich selbst nützen.

Eine Ist-Analyse der Hausarbeiten könnte so aussehen:

Tätigkeit	**Dauer**	**Häufigkeit**	**Wer macht's?**	**Zeitpunkt, wenn termingebunden**
z. B. Staubsaugen	1 Std.	x/Wo		Freitag Nachmittag

Eine Übersicht über die häufigsten Arbeitsbereiche und Arbeitsschritte finden Sie nachstehend:

Essen und Trinken:
- Frühstück und Zwischenmahlzeiten
- Tisch decken
- Vorbereitung (Kaffee, Tee, Brot schneiden, usw.)
- Jause herrichten
- Abräumen
- Spülen oder Geschirrspüler einräumen
- Wegräumen

Mittagessen und Abendessen:
- Kochen
- Tisch decken
- Abräumen
- Spülen oder Geschirrspüler einräumen
- Wegräumen

Wohnungsreinigung:
- Aufräumen
- Herumliegendes wegräumen
- Betten machen

Trockene Reinigungs- und Pflegearbeiten:
- Papierkörbe, Abfalleimer, Aschenbecher leeren
- Staub wischen
- Staub saugen (Polstermöbel, Boden)
- Kehren (Keller, Terrasse, Treppe, Naßräume)

Nasse Reinigungs- und Pflegearbeiten:
- Böden und Treppe wischen

Putzen in jedem Raum:
- Spiegel, Mobiliar innen und außen, Kacheln, Türen, Fenster
- Vorhänge waschen
- Heimtextilien waschen

Putzen im Bad:
- Toilette, Wanne, Becken, Armaturen

Putzen in der Küche zusätzlich:
- Herd, Backrohr, Spülbecken, Kühl- und Gefrierschrank, Arbeitsflächen, Abfalleimer, Elektrogeräte wie Griller usw.

Wäschepflege:
- Waschen
- Wäsche einsammeln
- Wäsche sortieren
- Maschine ent- und beladen
- Maschine bedienen

- Trocknen
- Wäsche aufhängen und abnehmen
- Trockner be- und entladen
- Bügelfreie Wäsche wegräumen

- Bügeln
- Schrankfertig falten und wegräumen

Chemische Reinigung
- Bring-, Hol- und Wartezeiten

Instandhaltung der Kleidung
- Ausbessern
- Ändern

Haushaltsführung

- Speiseplanung
- Speisezettel erstellen
- Saisonales Angebot nützen
- Sonderangebote berücksichtigen

- Einkaufsplanung
- Einkaufszettel anfertigen
- Kontrolle der Vorräte
- Einkaufsroute festlegen

Einkauf
- Dauervorräte vierteljährlich
- Wochengroßeinkauf
- Frischwareneinkauf

Arbeitsplanung
- Notwendige Arbeiten festlegen
- Arbeitsteilung festlegen
- Arbeitsplan aushängen

Haushaltsbuchführung
- Ausgaben eintragen
- Monatsabrechnung

Kontoführung
- Kontoauszüge kontrollieren

- Bankkontakte

Korrespondenz
- Briefe
- Telefonate

- Terminabsprachen

- Verwaltung
- Dokumente
- Abrechnungen
- Zahlungen
- Ablage

Sonstiges:
- Arbeiten am und im Haus/Wohnung
- Ausbessern, reparieren
- Renovieren
- Heimwerken

Haustiere:
- Füttern
- Pflegen
- Ausführen

Vorratshaltung:
- Einkochen, Einfrieren

Auto:
- Waschen
- Tanken
- Kleine Reparaturen

Pflanzen/Blumen:
- Gießen, Pflegen in der Wohnung,
- auf dem Balkon, im Garten,
- auf dem Friedhof

Feste/Gästebewirtung:
- Einladung
- Programm
- Vorbereitung
- Aufräumen

Kultur:
- Überblick über Angebot
- Koordination
- Karten besorgen

Handarbeiten/Basteln:
- Kleidung
- Haushaltswäsche
- Dekoration

Müllentsorgung:
- Mülltrennung
- Leergut-Entsorgung
- Containerbeschickung

Sport/Freizeit/Ausgehen:
- Koordination
- Ideenbörse

Kinderbetreuung:
- Abendbetreuung
- Tagesbetreuung
- Lernen (verschiedene
- Gegenstände)
- Sportarten
- Hobbys
- Chauffeurdienste
- Freizeitgestaltung

Sie sehen anhand dieser Liste, dass der Haushalt gar nicht wenige Tätigkeiten umfasst. Im Gegenteil, wenn Sie alles sehr ernst nehmen und gewissenhaft angehen, werden Sie Parallelen mit einem gut geführten Unternehmen entdecken. Und genau das sind Sie – Manager eines kleinen Unternehmens, genannt Familie.

Nach der Ist-Analyse kommt die Soll-Definition. Anhand der erhobenen Tätigkeiten und des notwendigen Zeitaufwandes dafür werden nun Pflichten vergeben. Auch das geschieht am besten mittels einer Checkliste bzw. eines Wochen-Arbeitsplans.

Derartige Wochenpläne scheinen vielleicht auf den ersten Blick etwas zwanghaft. Sobald Sie sich aber überwinden und Ihre Arbeiten danach einteilen, werden Sie die Vorteile erkennen.

Erstens haben Sie und Ihre Familie den Überblick, was zu tun ist und wer es tun soll.

Zweitens ist damit alles geregelt, und niemand kann sich nachher ausreden, nichts davon gewusst zu haben.

Natürlich ist es bei der Aufteilung von Aufgaben wichtig, die Fähigkeiten und Möglichkeiten jedes Familienmitglieds zu berücksichtigen. Man kann dabei auch einiges ausprobieren und feststellen, ob der Verantwortliche zur Erledigung der übernommenen Aufgabe imstande ist.

Fürs Erste sollten Sie sich jedoch an den individuellen Fähigkeiten und Möglichkeiten orientieren. Nach und nach wachsen die Kompetenzen und damit auch die Verantwortlichkeiten. Auch Rom ist nicht an einem Tag erbaut worden!

Für die Beteiligung der Familie an der Hausarbeit heißt das, dass auch hier Geduld notwendig ist.

Wochenarbeitsplan von bis

Zeit	**Montag Wer?/Was?**	**Dienstag Wer?/Was?**	**Mittwoch Wer?/Was?**	**Donnerstag Wer?/Was?**	**Freitag Wer?/Was?**

Seien Sie als Expertin nicht zu kritisch, wenn Ihre „Lehrlinge“ nicht gleich alles richtig machen. Solange das Ergebnis zufriedenstellend ist, sollten Sie verschiedene Wege zum Ziel akzeptieren. Wenn Sie nicht in Kürze alle Arbeit wieder selbst machen wollen, dann tragen Sie kleine Pannen mit Humor.

Regelmäßiges Feedback hilft allen, ihre Meinung zur Qualität und Schnelligkeit der verschiedenen Arbeiten darzulegen. Planen Sie also vor allem am Anfang „Arbeitssitzungen“ ein – vielleicht kombiniert mit einem gemütlichen Fondue-Essen.

Und vergessen Sie nicht, das Zauberwort heißt LOBEN! Anerkennen Sie die Leistungen Ihrer „Mitarbeiter“, zeigen Sie sich als verantwortungsbewusste Führungskraft. Dazu gehört auch Kritik, die aber nicht so klingen soll: „Ich habe ja gleich gewusst, du kannst das nicht“. Kritik sollte sich auf die Sache beziehen und Verbesserungsvorschläge möglich machen. Und sie sollte unter vier Augen erfolgen.

Nehmen Sie sich die neuesten Management-Methoden als Vorbild: Sparen Sie Zeit und Nerven, indem Sie bestimmte Arbeiten außer Haus geben oder von bezahlten Helfern erledigen lassen, sofern es Ihr Budget zulässt. Wenn die bezahlte Hilfe und die damit gewonnene Zeit mehr wert ist als das ersparte Geld, wagen Sie es. Sie können Ihre Entscheidung jederzeit wieder rückgängig machen.

Zusammenfassung

- Ihre Haushaltsführung umfasst viel mehr Arbeit, als Sie gedacht haben.
- Teilen Sie gemeinsam mit Ihrer Familie die Durchführung der Arbeiten gerecht auf.
- Haben Sie Geduld mit neuen Abläufen. Aller Anfang ist schwer – aber am Ende leichter, als es selbst zu machen.
- Überlegen Sie mit Ihrer Familie, ob nicht allen geholfen ist, wenn Sie für bestimmte Arbeiten jemanden engagieren und dafür bezahlen.

Kranke Kinder

- Kranke Kinder brauchen Fürsorge – und bringen die Planung durcheinander.
- Vorsorge für den Ernstfall.

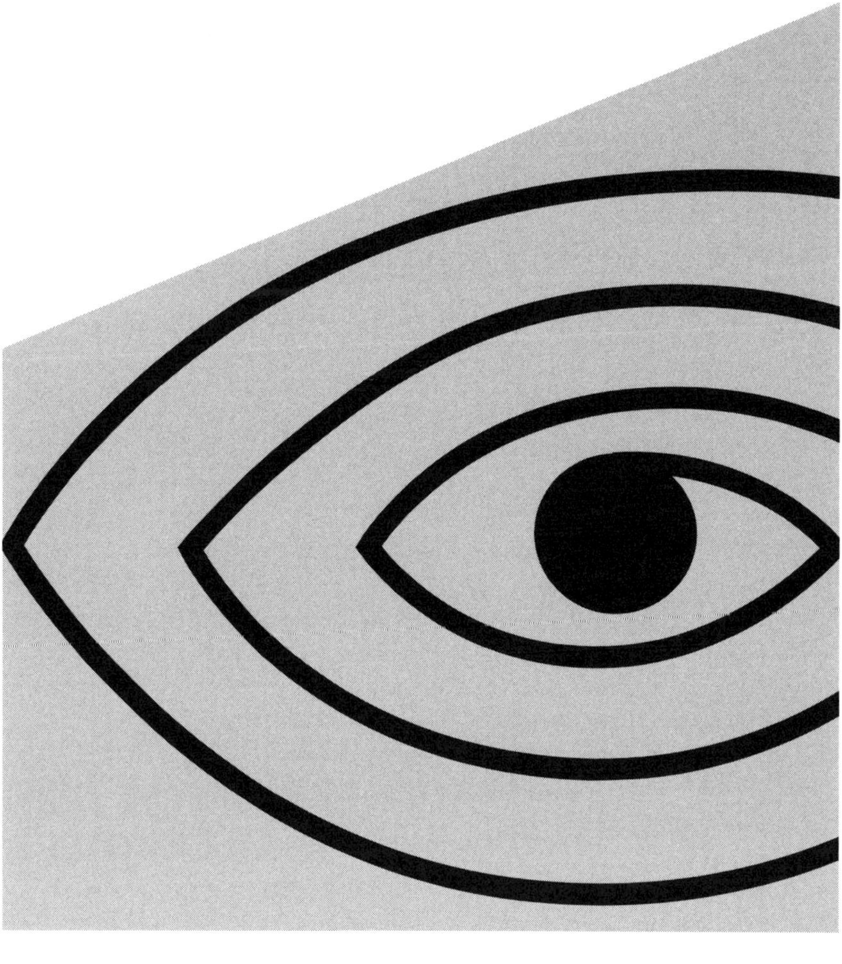

Niemand ist gerne krank. Besonders Kinder leiden bereits bei kleineren Unpässlichkeiten sehr unter ihrer Unbeweglichkeit und dem „Bettarrest".

Für die Eltern bedeutet deren Krankheit aber auch, dass sie neben den Sorgen und fürsorglichen Gedanken, die uns nicht gesunde Familienmitglieder bereiten, auch noch den praktischen Teil des Krankseins bedenken müssen. Denn wenn Kinder erkranken oder auch einer der Partner, passiert das meistens ungeplant. Das heißt, dass es hier besonders wichtig ist, einen Notfallplan in der Tasche zu haben.

Der Pflegeurlaub, den Sie als Berufstätige konsumieren können, ist in jedem Fall beschränkt. Es bleibt bei längerer Krankheit häufig nur der Zugriff auf den normalen Urlaub. Versuchen Sie aber in jedem Fall auch den Partner in die Kinderpflege einzubinden, denn auch er hat Anspruch auf Pflegeurlaub. Checken Sie in jedem Einzelfall, für wen es leichter möglich ist, sich freizunehmen. Dieser Partner soll dann den ersten Teil der Pflege übernehmen. Das funktioniert natürlich nur, wenn beide gleichermaßen vom Kind akzeptiert sind. Auch das ist ein Grund, sich die Kinderbetreuung von Beginn an einigermaßen gleichwertig aufzuteilen.

Oberstes Gebot für den Fall der Fälle: Sorgen Sie dafür, dass eine Person Zeit hat, sich um den kleinen „Patienten" zu kümmern. Dieser ist meist liebesbedürftiger und benötigt mehr Aufmerksamkeit als in gesundem Zustand. Nehmen Sie sich also Zeit für das kranke Kind und lassen Sie lieber die Hausarbeit ein paar Tage ruhen.

Wenn Sie berufstätig sind, versuchen Sie in jedem Fall, eine Person „in Reserve" zu haben, die jederzeit einspringen kann. Praktisch ist in diesem Fall die Oma, die im gleichen Ort wohnt. Wenn Sie jedoch nicht in dieser glücklichen Situation sind, denken Sie bitte rechtzeitig und sorgfältig darüber nach, wer diese „Jokerrolle" übernehmen könnte. Nicht berufstätige Freundinnen, pensionierte Verwandte oder Nachbarn kommen dafür in Frage.

Vereinbaren Sie ein Notruf-Verfahren und fragen Sie immer wieder nach, ob die gewählten Personen auch noch zur Verfügung stehen.

Denn nichts ist unangenehmer, als im Bedarfsfall zu erfahren, dass die freundliche Nachbarin inzwischen schon seit Monaten auf Mallorca ist oder die Freundin schon wieder berufstätig ist.

Und vergessen Sie auch nicht, die Leistungen, die Ihnen freundschaftlich gegeben wurden, auch irgendwie zu honorieren. Das muss keine Bezahlung sein, ein Blumenstrauß oder eine Schachtel mit Bonbons kosten kein Vermögen und drücken Dankbarkeit aus. Auch kleine Dienste als Gegenleistung stellen natürlich eine Art Honorar dar.

In größeren Gemeinden gibt es meistens Organisationen, die Familienhelferinnen zur Verfügung stellen, die dann einspringen, wenn die Mutter selbst erkrankt. Diese Frauen übernehmen gegen geringes Entgelt oder manchmal auch gratis die Haushaltsführung für eine bestimmte, befristete Zeit. Dies stellt eine große Hilfe dar, da sie in der Haushaltsführung ausgebildet sind und flexibel auf die Anforderungen reagieren.

Natürlich ist es nie angenehm nicht gesund zu sein oder Kranke zu Hause zu haben, mit Organisation geht es aber auch in diesem Fall besser.

Zusammenfassung

- Haben Sie einen funktionierenden Notfallplan in der Lade, für den Fall, dass Kinder krank werden!

Süßer die Glocken nie klingen ...

- Weihnachten ist keine unangenehme Pflicht
- (Vielleicht) ungewöhnliche Weihnachtsideen
- Mit Spaß gegen den Weihnachtsstress
- Lieber vorher Nein sagen als nachher streiten
- Im Fall des Falles: Konfliktmanagement

Den Dezember erleben viele Frauen als absoluten Gipfel an Stress. Zu viele Festtage kommen hier zusammen. Das beginnt bei Nikolaus und Krampus, geht über die Weihnachtsfeiertage und endet mit dem Neujahrstag. In dieser Zeit sind viele Frauen nicht mehr ansprechbar und nur mehr gereizt. So wird es für sie auch schwierig, die Festtage überhaupt zu genießen und als das zu sehen, was sie sein sollten: außergewöhnliche Tage, an denen wir endlich Zeit haben, miteinander zu sprechen, zu spielen, etwas zu erleben.

Wie kann man aber negativen Gedanken, Einstellungen, Gewohnheiten rund um den Dezember im eigenen Interesse stoppen und in positive verwandeln?

Die erste und wichtigste Maßnahme ist das Nachdenken. Vielleicht ist es gar nicht nötig, den Dezember wie eine gereizte Furie mit Vorbereitungen, Hausputz, Geschenkeinkauf und Basteln zu verbringen.

In den vorigen Kapiteln habe ich bereits angeregt, den obligaten Weihnachtsputz auf November zu verlegen oder noch besser, das Haus oder die Wohnung während des ganzen Jahres so in Schuss zu halten, dass ein Extra-Weihnachtsputz gar nicht mehr nötig ist.

Weihnachtsgeschenke überlegen, sollte man ebenfalls während des ganzen Jahres, und wenn möglich auch bereits das eine oder andere gleich kaufen. Dann bleiben für Weihnachten nur mehr die unerwarteten bzw. spontanen Geschenke zu besorgen. Gerade bei Weihnachtsgeschenken gilt, dass niemand von Ihnen verlangt, ein Vermögen dafür auszugeben. Versuchen Sie, nicht in ein „Wettschenken" zu verfallen, das alle Beteiligten nur Nerven und Geld kostet.

Finden Sie statt dessen heraus, welche besondere Kleinigkeit dem Beschenkten Freude machen könnte. Das bedeutet zwar vielleicht etwas mehr Zeitaufwand beim Denken, aber dem Sinn von Weihnachten tragen Sie bestimmt mehr Rechnung, als wenn Sie in einem Nobelgeschäft einfach irgendetwas kaufen, das „man" gerade haben muss.

Auch Einpacken kann man Weihnachtsgeschenke bereits dann, wenn man sie kauft.

Gerade im Dezember ist eine gute Zeit, Neinsagen zu lernen. Denn in diesem Monat gibt es besonders viele Traditionen, wovon einige mit Sicherheit im Laufe Ihres Familienlebens an Bedeutung verloren haben.

Es lohnt sich, darüber nachzudenken, welche Traditionen für Sie und Ihre Familie noch gültig und vertretbar sind, und welche weggelassen werden sollen – höflich aber bestimmt. Einladungen und Besuche, die für die eigene Familie nur mehr Zwang bedeuten, sollten Sie in Frage stellen.

Vielleicht finden Sie andere individuelle Lösungen, wie die im folgenden Beispiel:

Alle Jahre wieder – kommt nicht nur das Christkind. „Alle Jahre wieder streiten wir auch, sobald es besonders feierlich und friedlich zugehen soll," erzählt mir Evelyne, eine liebe, alte Freundin. „Du wirst es kaum glauben, aber kaum setzen wir uns zum weihnachtlichen Abendessen zusammen, kommt unweigerlich ein Streit auf. Einmal ist das Gansl nicht knusprig genug, ein anderes Mal sitzen die Kinder nicht brav beim Tisch. Und voriges Jahr, das war überhaupt der Clou: Jakob, unser Ältester, hat einen Computer bekommen und beschäftigte sich natürlich sofort damit. An ein Gespräch mit ihm oder ein Liedersingen war nicht mehr zu denken. Das hat Herbert fürchterlich aufgeregt und damit war der Abend gelaufen. Du weißt ja, wie das ist, wenn sich Ehemänner etwas einbilden ..."

Jakob ist gerade zwölf geworden. Der Computer war für ihn so etwas wie ein Status-Symbol. Wer so etwas Tolles hatte, der zählte etwas in der Reihe der Klassenkameraden. Auf den Rechnern seiner Freunde hatte er schon oft stundenlang Probleme gewälzt und gelöst. Und endlich: Jetzt besaß er selbst so ein tolles Gerät. Das musste natürlich voll und ganz genossen werden. Was sollte er mit den Weihnachtsliedern und den sinnlosen Gesprächen der Erwachsenen?

Dass der Vater darüber grantig wurde, war zwar nicht ganz angenehm, aber was soll´s? Der unterhielt sich ohnehin prächtig mit der Großmutter. Und die Schwester, die kleine Andrea, die sollte mit der neuen Puppe spielen und ihn endlich in Ruhe lassen. Und die Mama? Na, die hatte in der Küche zu tun und sowieso keine Zeit für ihn.

„Und weißt Du," sinnierte Evelyne weiter, der Bub hat irgendwie recht. Eine gesellige Runde ist das ja nicht. Die halb taube Oma, mit der man sich mühevoll unterhalten muss, Herbert, der um vieles lieber seine CDs hören würde und ich mit der vielen Arbeit mit dem Abendessen. Die Kleine kann man noch nicht rechnen. Die muss sowieso bei Laune gehalten werden, damit sie nicht den Christbaum abräumt oder sonst etwas anstellt. Vergnügen ist das für mich schließlich auch keines." Da konnte ich Evelyne nur beipflichten. Denn wo bleibt das eigene Vergnügen, die eigene Freude, wenn man hauptverantwortlich für die Freude der anderen ist?

So wie mir Evelyne ihr letztes Weihnachtsfest geschildert hat, läuft es in vielen Familien. Einmal mehr, einmal weniger hektisch.

„Liebe und Grießschmarrn", wie das so schön heißt, gibt es selten. Trotzdem: Wünschen wir uns nicht alle, dass unser Weihnachtsfest, dass überhaupt Familienfeste in friedlicher und freundlicher Atmosphäre ablaufen?

Aber was können, was sollen wir dazu beitragen?

„Meinst du, wir sollten das Weihnachtsfest einmal im Süden verbringen?"

Losgelöst von den familiären Verpflichtungen und den obligaten Verwandtenbesuchen?" fragte mich Evelyne. Ich glaube nicht, dass das eine wirklich gute Idee ist. Denn trotz aller Urlaubsstimmung, die übrigens auch kein Garant für friedliche Festtage ist, geht uns „unsere" Weihnachtstradition meistens ab. Vor allem die Kinder lieben die Tradition mit Christkind und allem Drum und Dran.

Die Hauptfrage ist nicht, „Wo sollen wir Weihnachten verbringen?", sondern „Wie sollen wir Weihnachten verbringen?"

Und dabei können Evelyne und ihre Familie aktiv etwas zu einem positiven Ablauf beitragen.

Es beginnt ja oft bereits mit den Vorbereitungen im Advent. Was hat denn dieser Trubel, dieser Rummel mit „der stillsten Zeit im Jahr" zu tun?

Ich schlage Evelyne vor, heuer bereits im Advent damit zu beginnen, das Weihnachtsfest anders zu gestalten.

Einmal ganz handfest gesagt: „Evelyne, schraubt eure Ansprüche herunter." Wer sagt denn, dass Weihnachten mit Weihnachtsliedern und -gedichten, mit „geselligem" Beisammensein und großer Essorgie begangen werden muss?

„Frag doch in deiner Familie einmal nach, wie die Kinder, wie die Oma und dein Mann den Advent und das Weihnachtsfest gerne begehen möchten," schlage ich Evelyne vor. Vielleicht wollen sie gar keine selbst gebackenen Kekse, die ungeheuer viel Arbeit für die Hausfrau bedeuten. Oder vielleicht wollen sie nur ganz wenige. Und, stell dir vor, sie kämen überhaupt auf die Idee, beim vorweihnachtlichen Backen selbst ein bisschen Hand mit anzulegen. Wäre das etwas?

Oder vielleicht wünschen sie sich gar nicht so viele Überraschungen, sondern wollen lieber selbst aussuchen, was ihnen gefällt und nur mit einer Kleinigkeit unter dem Weihnachtsbaum überrascht werden?

„Nehmt euch doch einen oder zwei Nachmittage oder Abende im Advent Zeit und überlegt euch gemeinsam, wie ihr Weihnachten und den Advent begehen wollt. Fragt euch doch, welche der weihnachtlichen Traditionen euch so ans Herz gewachsen sind, dass ihr sie unbedingt leben wollt. Aber stellt auch die Frage, welche ihr weglassen könnt. Welche euch ohnehin nicht mehr gefallen und ihr sie nur ausübt, weil „es sich halt so gehört."

Diejenigen Bräuche, die dann übrig bleiben, die müssen mit Leben gefüllt werden. Daran sollte sich die ganze Familie beteiligen. Ob es um das Backen und Vorbereiten der Weihnachtskekse geht, um die Besorgung der Geschenke oder um das Schmücken des Christbaums. Im Idealfall übernimmt jeder der Beteiligten eine oder mehrere Aufgaben, die seinen Fähigkeiten und Interessen entspricht.

„Ja, und am Heiligen Abend selbst? Sollen wir dann essen gehen, wenn mich das Kochen nicht freut?“ warf Evelyne ein wenig ironisch ein. „Wenn es niemand von Euch übernehmen will, esst doch kalt. Oder bereitet etwas vor, das dann nicht mehr viel Mühe macht.“ Ja, so könnte es wirklich gehen, überlegt Evelyne. „Und wer unterhält sich mit der halb tauben Oma?“, steht als Frage noch im Raum. Jeder ein bisschen, stelle ich mir vor. Wenn vorher schon ausgemacht wird, dass jeder der Verpflichtung nachkommt, auch die Oma eine Weile zu betreuen, wenn sich jeder dazu etwas ganz Besonderes einfallen lässt, dann kann ja auch da kaum mehr etwas schief gehen. „Ich frage einfach einmal die Oma, was ihr denn gefallen würde bei der Gestaltung des Weihnachtsabends“, meinte Evelyne noch im Weggehen. „Vielleicht kann sie die alten Fotos mitbringen, die wir uns schon so lange ansehen wollten.“

Na bitte, auf einmal ist die Kreativität geweckt. Ich bin ganz sicher, dass Weihnachten bei Evelyne und ihrer Familie heuer anders aussehen wird, hoffentlich zwangloser, entspannter und befriedigender als im letzten Jahr.

Ja, so könnte es tatsächlich auch funktionieren.

Trotzdem bleiben wahrscheinlich noch einige spezifische Tätigkeiten für Dezember übrig, wie zum Beispiel:

- Weihnachtskekse backen;
- Weihnachtskarten schreiben;

- Festvorbereitungen wie Christbaum schmücken, Haus dekorieren usw.;
- Größere Frischwareneinkäufe;
- Reisevorbereitungen, wenn man die Ferien für einen Urlaub nützt;
- Einladungen aussprechen und wahrnehmen;

Bei all diesen spezifischen Tätigkeiten gilt als oberstes Gebot: Vorbereitung und Rationalisierung.

Die Arten der Weihnachtsbäckerei sollten Sie schon rechtzeitig vorher festlegen. Laden Sie Ihre Familie ein, gemeinsam zu überlegen, welche Spezialitäten heuer gebacken werden sollen und wo sie Ihnen auch zur Hand gehen könnte. Selbst kleinere Kinder freuen sich, wenn sie mithelfen dürfen, den Teig zu kneten oder zu rollen oder wenn sie einige kleine Verzierungen anbringen dürfen.

Arbeiten Sie alle Rezepte nach Zutaten durch, addieren Sie die Menge der gleichen Zutaten zusammen und notieren Sie gleich alles auf einem Einkaufszettel. Später beim Einkauf wissen Sie dann bereits, wie viel Mehl, Wal- und Haselnüsse usw. Sie brauchen.

Auch die Vorbereitung der Zutaten können Sie vorwegnehmen, indem Sie alle Nüsse und Schokoladen reiben, alle Zutaten pro Gebäckart auswiegen und in kleine Säckchen geben und alle Eier nach Vorschrift trennen und portionieren. Die Voraussetzung hierbei ist, dass Sie die Zubereitung der Weihnachtsbäckerei in ein bis zwei Tagen durchziehen. Ein Advent-Wochenende bietet sich dafür an. Die Planung, Vorbereitung und Durchführung in einem Zuge strengen im Augenblick vielleicht etwas mehr an, dafür ist die Aufgabe erledigt und der Kopf frei für anderes.

Genau dasselbe gilt für Weihnachtskarten. Machen Sie sich eine Liste all derer, denen Sie schreiben wollen oder die Sie anrufen möchten. Haken Sie die geschriebenen Karten ab, wer Ihnen antwortet, bekommt einen zusätzlichen Vermerk.

Wer Ihnen zuvorkommt und als erster schreibt und nicht auf Ihrer Liste steht, wird nachträglich mit einer Karte bedacht.

Festvorbereitungen, wie Christbaumschmücken und die Dekoration des Hauses, können Sie wieder gemeinsam mit Ihren Lieben vornehmen. Hier gibt es meistens familieninterne Gepflogenheiten, wer wo dabei sein darf und will. Gemeinsames Knüpfen von Aufhängern für den Christbaumschmuck bei Kerzenschein und Weihnachtsmusik, vielleicht schon bei den ersten Kostproben von Weihnachtsbäckerei, trägt in jeder Familie zur Einstimmung auf das Fest bei.

Wenn Sie zu Weihnachten verreisen, fragen Sie sich, ob es irgendwelche Traditionen gibt, die für Ihre Familie wichtig sind, und die Sie daher einhalten wollen. Reisevorbereitungen besprechen wir im besonderen im Kapitel „Februar".

Einladungen und Besuche haben wir bereits im zweiten Kapitel besprochen und ich ersuche Sie, dort im Bedarfsfall nachzuschlagen.

Ein wichtiges Thema möchte ich jedoch für Weihnachten extra erwähnen:

Lernen Sie Nein zu sagen! Gerade in der Weihnachtszeit werden Wünsche und Ansprüche in großen Mengen an uns herangetragen. Manche Wünsche erfüllen wir gerne und ohne darüber nachzudenken. Andere empfinden wir als unangemessen, gelegentlich als unverfroren. Lernen Sie auf solche Signale zu hören und solche Wünsche abzuschlagen.

Versuchen Sie für diese wirklich schwierige Disziplin doch einmal als ersten Schritt, in Gedanken etwas abzulehnen. Probieren Sie aus, wie es sich „anfühlt", wenn Sie in einer bestimmten Situation, in der Sie bereits einmal Ja gesagt haben, ohne es wirklich zu wollen, verneinen.

Machen Sie ein Gedanken-Experiment: Stellen Sie sich in entspannter Stimmung eine Situation vor, in der Sie Ja gesagt haben, obwohl Sie Nein gemeint haben. Malen Sie sich nun in weiterer Folge aus, was passiert wäre, hätten Sie nicht zugestimmt. Was hätte Ihr Gesprächspartner dazu gesagt, wie hätte er reagiert? Und wie hätten Sie auf seine Reaktion geantwortet. Stellen Sie sich diesen Dialog so lange vor, bis Sie sich dessen vollkommen bewusst sind, was passiert wäre, wenn Sie einmal widersprochen hätten.

Aus meiner persönlichen Erfahrung und der meiner Klientinnen und Seminarteilnehmerinnen kann ich sagen, dass wir uns die Reaktion unserer Mitmenschen auf ein Nein unsererseits meistens viel bedrohlicher vorstellen, als sie letztlich ausfällt.

Wie geht es Ihnen denn selbst, wenn Ihnen jemand eine Bitte abschlägt? Stürzt die Welt zusammen? Sind Sie ewig böse? Sind Sie überhaupt böse, gekränkt, beleidigt? Meistens keines von allem. Wir akzeptieren in vielen Fällen ein Nein ohne Murren. Und genauso geht es auch unseren Mitmenschen. Auch sie können fast immer ohne größeren Gefühlsaufwand akzeptieren, dass wir uns gegen ihr Anliegen entschieden haben.

Was dabei wichtig ist: Dies ist kein Aufruf zur Unhöflichkeit oder zur Unfreundlichkeit. Dies ist nur ein Hinweis darauf, bei Wünschen anderer zuerst zu überlegen, ob Sie darauf wirklich ohne größere Probleme eingehen können.

Wenn Sie erklären, warum Sie auf eine Bitte nicht eingehen können, und wenn Sie sogar gemeinsam eine Alternative überlegen, dann zeigen Sie ohnedies deutlich, dass Ihnen Ihr Gegenüber nicht gleichgültig ist.

Probieren Sie es aus – am besten nicht gleich mit dem „Angstgegner“, sondern mit einer Person, bei der Sie sich in der Lage fühlen, Ihr Nein auch durchzusetzen. Nach und nach werden Sie es dann schaffen, auch „größere“ Hürden zu meistern.

Zu dieser schwierigen Aufgabe des Neinsagens möchte ich Ihnen noch einige Gedanken zum Thema Konflikt-Management mitgeben.

Bei Konflikten ist es gut zu wissen, dass selten das Thema, das gerade den Konfliktstoff darstellt, die tatsächliche Ursache für den Streit bildet. Meist bestehen gegenseitige Vorurteile oder auch Erfahrungen, die uns gezeigt haben, dass unser Gesprächspartner eine bestimmte Meinung hat, die nicht in unser Weltbild passt, die sich nicht mit unseren Werten und Einstellungen deckt.

Daher empfiehlt sich im Konfliktfall folgende Vorgangsweise:

1. Festlegen des Streitpunktes

Menschen neigen im Streitfall dazu, die gesamte Geschichte einer Beziehung mit in die Diskussion einzubeziehen. Das ist ein großer Fehler, denn die Kommunikation bleibt dann nicht beim aktuellen Fall, sondern bewegt sich, immer unsachlicher, in Richtung Vergangenheit.

An der Vergangenheit können Sie aber beim besten Willen nichts mehr ändern. Ändern können Sie Verhaltensweisen nur mehr in Richtung Zukunft. Und daher sollten Sie die Vergangenheit auch ruhen lassen.

Bleiben Sie im Hier und Jetzt, beziehen Sie sich auf den konkreten Konflikt und legen Sie diesen auch fest.

2. Klären Sie die Hintergründe für die beiderseitigen Standpunkte

Es ist überaus hilfreich, zu wissen, warum der Gesprächspartner einen bestimmten Standpunkt bezieht bzw. was sich hinter diesem Standpunkt für ihn verbirgt.

3. Versuchen Sie Lösungen zu finden

Denken Sie einfach laut über verschiedene Lösungen nach, ohne diese gleich darauf zu prüfen, ob Sie sie verwirklichen können. Phantasieren sie über Lösungen und schreiben Sie die Varianten auf. Lassen Sie in diesem Moment auch „unmögliche" Lösungen gelten.

4. Wägen Sie die Vor- und Nachteile der gefundenen Lösungsvorschläge ab

5. Einigen Sie sich auf eine für beide Teile akzeptable Lösung
Haben Sie sich auf eine bestimmte, für beide Teile annehmbare Lösung geeinigt, sollten Sie festlegen, wie Sie diese umsetzen wollen bzw. woran Sie erkennen, dass beide es ernst meinen.

6. Bleiben Sie aufmerksam, ob die Lösung auch wirklich umgesetzt wird und Sinn hat.

Wenn Sie diese sechs Schritte zur Konfliktlösung beachten, werden Sie mit ziemlicher Sicherheit Ihre Konflikte auf einer sehr erwachsenen und bewussten Ebene lösen.

Bei dieser Form der Konfliktlösung müssen Sie Ihr Temperament allerdings ein bisschen zügeln. Lassen Sie ihm bei anderen Gelegenheiten freien Lauf. Sport und Spiel und nicht zuletzt ein erfülltes Sexualleben bieten bessere und sinnvollere Gelegenheiten zum Ausleben des Temperaments.

Zusammenfassung

- Weihnachten kann tatsächlich ein Fest des Friedens sein.
- Beteiligen Sie die ganze Familie an der Gestaltung.
- Sagen Sie vorher Nein, statt nachher zu streiten.
- Wenn sich eine Auseinandersetzung nicht vermeiden lässt, halten Sie sich an die „Spielregeln“.
- Im Streitfall: Zügeln Sie Ihr Temperament!

Persönlichkeitsentwicklung – was ist denn das?

- Hausfrau zu sein ist kein Grund für geistigen Stillstand
- Möglichkeiten zur Persönlichkeitsentwicklung während der
- Familienphase
- Beruflicher Wiedereinstieg mit Kompetenz und Freude
- Achtung: Widerstände!

Sonja war seit fünf Jahren nicht mehr berufstätig. Nach ihrem Studium zur Betriebswirtin hatte sie ihr erstes Baby bekommen. Ein goldiges Kerlchen, der Sebastian. Ihm zuliebe war sie gerne zu Hause geblieben und hatte auf eine ans Studium anschließende Karriere verzichtet. Ihr Mann, Julian, war ein ebenso interessierter wie tatkräftiger Vater, der neben seinem Beruf als Software-Entwickler immer noch ein bisschen Zeit fand, sich um Sebastian zu kümmern. Eineinhalb Jahre später kündigte sich Lisa an, die ebenso süß war wie Sebastian und nun gemeinsam mit ihrem Bruder „die schönste Aufgabe einer Frau“ darstellte. Sonja hatte noch immer keinen Schritt in Richtung Berufstätigkeit gemacht. Ihre im Studium erworbenen Kenntnisse erschienen ihr selbst bereits etwas nebulos. Und seit einem halben Jahr hatte sich nun Stefan dazugesellt. Nun spürte Sonja zum ersten Mal so richtig den „Blues“. Fünf Jahre vorher hatte sie bei ihrer Sponsionsfeier leichthin gesagt: „Ich verstehe alle diese Profi-Hausfrauen nicht. Sie sind einfach zu faul, etwas zu leisten und schmarotzen lieber bei ihren Männern.“ Heute durfte sie daran nicht mehr denken. Denn sie wusste genau: Sie war keine Schmarotzerin. Die Kinder hatte sie gerne bekommen. Aber nach dem letzten hatte sie eine Sterilisation vornehmen lassen. Weiterer Nachwuchs war also nicht mehr zu erwarten. Sie war gerne für ihre drei Kleinen da, und Julian half noch immer, wenn er Zeit fand. Denn „ich möchte für meine Kinder nicht nur auf dem Papier vorhanden sein,“ pflegte er zu sagen. Trotzdem: Die ständige Verantwortung und die pausenlose Betreuung der Kinder lagen bei ihr.

Ihre Eltern, beide erfolgreiche Ärzte, schüttelten die Köpfe. „Willst du wirklich ernsthaft im Haushalt versauern?“, fragte ihre Mutter mehrmals im Monat. Und Sonja wusste, dass sie recht hatte. Sie selbst spürte das: Sie wurde immer ungeduldiger, mit den Kindern und mit ihrer gesamten Umwelt. Sie hatte an nichts mehr Freude. Selbst die Zeiten im Fitness-Studio, wofür sie sich doch immer noch frei gehalten hatte, machten ihr keine Freude mehr. Ihr Leben war anscheinend nur noch Pflicht. Sie fühlte sich ausgebrannt.

Eines Tages rief Miriam, ihre älteste und beste Freundin, an: „Du, Sonja, was hältst du davon, wenn wir gemeinsam wieder einmal etwas für unsere Bildung unternähmen? Ich habe da von einem tollen Computer-Kurs gehört." Computer-Kurs, wofür denn das? Sie hatte zwar zu Hause drei verschiedene Computer stehen, denn Julian benötigte diese für seine Arbeit, aber selbst damit zu arbeiten, das hatte sie sich noch nie überlegt.

Aber warum eigentlich nicht? Miriam hatte ja recht. Ein Computer-Kurs würde ihr als Einstieg in die Gedankenwelt des Berufs sicher nicht schaden. Denn ihr ureigenstes Wissen um Betriebswirtschaft hatte sie zwar nicht vergessen, aber noch nie in der Praxis angewandt. Dementsprechend sah auch ihr diesbezügliches Selbstbewusstsein aus. Und sie wollte ja wieder berufstätig werden. So sehr sie die Zeit mit ihren Kindern und deren Heranwachsen genoss, so sehr war ihr auch bewusst, dass sie ein bisschen Anerkennung von „draußen" wollte und diese nur in einer beruflichen Tätigkeit erfahren konnte.

Als sie Julian davon erzählte, war dieser begeistert von der Idee, denn auch er hatte schon bemerkt, dass Sonja immer reizbarer, ungeduldiger und unzufriedener wurde. Er war sich im Klaren darüber, dass die Kinder gerne am Rockzipfel der Mutter hingen; er wusste aber auch, dass Sonja nicht studiert hatte, um in der Erziehung der drei Kinder ihre einzige Befriedigung zu finden. Das hatte sie schon vor der Geburt der Kinder festgestellt. Julian war auch bereit, seinen Anteil zu leisten und sich bei Babysitting und Haushaltspflege zu engagieren.

Sonja und Miriam besuchten also den Kurs, ein weiterer folgte und noch einer und zuletzt folgte ein Kurs, der sich mit neuen Kommunikationstechnologien beschäftigte. Sonja war nun theoretisch in der Lage, Telearbeit anzunehmen und durchzuführen. Das heißt, sie konnte verschiedene Arbeiten von zu Hause aus erledigen und brauchte nur ein Mal in der Woche ins Unternehmen, um so den Kontakt zu Vorgesetzten und Kollegen zu halten. Der Traum von einem Job wie diesem in der betriebswirtschaftlichen Praxis schien wirklich nur in der Vorstellung zu existieren. Denn wer sollte schon eine Frau aufnehmen, die noch keinen Tag Praxis in einem Unternehmen gehabt hatte und drei Kinder mit allen Fährnissen und Widrigkeiten zu betreuen hatte.

Aber das Wunder geschah! Sonja war nun nach all den Kursen, in denen sie immer auch gezielt an ihrer Persönlichkeitsentwicklung gearbeitet hatte, so selbstbewusst und selbstsicher, dass sie genau den Job fand, der ihren Möglichkeiten entgegenkam. Heute arbeitet sie 15 Stunden pro Woche für einen Verlag. Sie sucht im Internet nach Informationen für bestimmte, gerade in Vorbereitung befindliche Artikel und liefert diese an den zuständigen Journalisten oder schreibt auch schon selbst einmal eine kurze Story. 5 Stunden pro Woche hält sie sich im Unternehmen auf, wo sie Informationen austauscht und persönliches Feedback für ihre Arbeit von den Kollegen erhält.

Die Kinder leiden keineswegs unter der Berufstätigkeit der Mutter, denn sie ist nun wieder ein Stück ausgeglichener und zufriedener, was die 15 Wochenstunden bei weitem aufwiegt, die sie theoretisch weniger Zeit für sie hat. Übrigens: Von einem Teil ihres Gehalts kann sich Sonja eine Haushaltshilfe leisten, die ihr und ihrem Mann die gröbsten Arbeiten abnimmt. Und Perfektionistin ist Sonja ohnehin schon lange nicht mehr. Es scheint, als wäre Miriam ein guter Engel gewesen, als sie Sonja auf die Idee der Weiterbildung brachte.

„Schon wieder so ein Märchen!" Das werden Sie, liebe Leserin, jetzt vielleicht denken. Dass Karrieren wie diese aber gar nicht so selten sind, erlebe ich täglich in meinen Seminaren oder Lehrgängen. Wichtig ist und bleibt, dass Sie an sich selbst glauben.

Natürlich dürfen Sie nicht erwarten, dass Sie ein Unternehmen zu besten Bedingungen, mit höchster Bezahlung mit offenen Armen nach der Familienphase aufnimmt. Sie benötigen selbstverständlich Nachweise ihrer Qualifikationen und die Glaubwürdigkeit, diese Qualifikationen auch einsetzen zu können. Wahrscheinlich werden Sie einen Wiedereinstieg ins Berufsleben in der ersten Zeit als „Lehrphase" sehen müssen, in der Sie die Chance bekommen, vergessene und neue Inhalte wieder zu erlernen.

Nützen Sie diese Chance! Sie sind nicht verheiratet mit einem Unternehmen. Wenn Sie Ihre Lektion gelernt haben und im Rahmen eines fairen Austauschs dem Unternehmen die investierten Kosten in Form von Arbeitseinsatz wieder zurückgegeben haben, steht einem weiteren Karrieresprung nichts im Wege. Vielleicht sogar im selben Unternehmen. Denn wenn Sie sich auch in den Augen Ihrer Vorgesetzten bewährt haben, wird man Sie sicher nicht gerne gehen lassen und versuchen, gemeinsam Lösungen zur beiderseitigen Zufriedenheit zu finden.

Stolpersteine auf dem Weg zum beruflichen Wiedereinstieg

■ Nummer 1: Die Außenwelt

Nach mehrjähriger Familienpause fällt es den meisten Frauen schwer, wieder in den Beruf einzusteigen. Denn neben den meist unberechtigten Selbstzweifeln reagiert häufig auch die Umwelt nicht gerade ermutigend auf den Wunsch der Frau, wieder ins Erwerbsleben einzusteigen.

Wenn kein allzu großer finanzieller Druck besteht, ist es meistens vor allem der Ehemann, der um seine gewohnte Bequemlichkeit fürchtet, wenn die Frau wieder außer Haus arbeitet. Denn dann steht er auf einmal vor der Verpflichtung, seinen Anteil an der Kinderbetreuung und der Hausarbeit tatsächlich zu übernehmen.

Das Hinbringen und Abholen der Kleinen aus Schule und Kindergarten stellt nur den Anfang dar.

Auch die Betreuung der Kinder bei den Schularbeiten muss plötzlich vom Ehepartner mit übernommen werden. Und sollte der besonders unangenehme Fall eintreten, dass ein Kind krank wird, müssen Pflegeurlaube vielleicht ebenfalls von beiden Elternteilen angetreten werden.

Die Organisation des Haushaltes muss neu überdacht werden. Kann doch mit steigender außerhäuslicher Belastung die Frau nicht mehr allein für den gefüllten Kühlschrank und die blank geputzte Wohnung garantieren.

Konfrontiert mit all diesen und vielen anderen Veränderungen sind viele Männer lieber bereit, sich finanziell ein wenig einzuschränken, um weiter ihr in der Praxis doch weit unkomplizierteres Leben leben zu können.

Häufig findet Papa auch bei den Kindern Verbündete, wenn es um Mamas angestrebte Berufstätigkeit geht. Denn, sind sie erst einmal größer und an Mamas ordnende Hand in allen Belangen des täglichen Lebens gewöhnt, wollen auch sie auf diese Bequemlichkeit nicht gerne verzichten. Sie sind dafür bereit, alle Register kindlicher Erpressung zu ziehen.

Eine psychosomatische Erkrankung der Mutter ist dann oft das Resultat und ungewolltes, aber zugleich wirksames Druckmittel.

Aber nicht nur die eigene Familie kann ein Stolperstein auf dem Weg zum beruflichen Wiedereinstieg sein.

Unternehmen, die der Wiedereinsteigerin nach der Karenzzeit nur pro forma einen Arbeitsplatz anbieten, der dann in der Praxis weit unter ihrer bisherigen Qualifikation ist, sind keine Ausnahmen.

Und wenn sich im Augenblick des geplanten Einstiegs in das Berufsleben auch noch die Arbeitsmarkt-Situation gerade in einer schlechten, sprich Rezessionsphase, befindet, haben viele Frauen keine andere Wahl, als entweder den schlechteren Arbeitsplatz mit weniger Geld anzunehmen oder weiterhin Familienfrauen zu bleiben.

Der Glücksfall tritt ohnehin selten genug ein, dass man eine den eigenen Fähigkeiten adäquate Stelle in Teilzeit findet.

Aber auch die technologischen und organisatorischen Weiterentwicklungen in der Arbeitswelt stellen für viele Frauen ein großes Hindernis dar. Wer hat denn schon vor fünf Jahren vom Internet gesprochen? Oder gar vor zehn Jahren: Viele Unternehmen arbeiteten damals noch nicht einmal mit EDV. Aber wer kann sich heute noch einen Büroarbeitsplatz ohne Computer vorstellen?

Sogar in der Industrie haben Maschinen häufig den Platz von Menschen eingenommen und werden ihrerseits von Menschen nur mehr gewartet und kontrolliert.

Viele Frauen fühlen sich von all diesen äußeren Faktoren schlicht überfordert.

- **Nummer 2: Das eigene Selbstbewusstsein**

Nicht nur äußere Widrigkeiten verleiden den Frauen den Wiedereinstieg.

Auch innere Faktoren, wie mangelndes Selbstbewusstsein, das Gefühl, fachlich nicht mehr genug zu können und die Angst vor der neuen, unbekannt gewordenen Situation tragen zur Hemmung bei, den Wiedereinstieg mutig zu betreiben.

Dabei haben Frauen allen Grund, sich nach der Familienpause kompetent und stark zu fühlen.

Sollten auch tatsächlich das Wissen um die harten Facts und die Fertigkeiten ein wenig unter der Pause gelitten haben, können die meisten Frauen in dieser Zeit doch Kompetenzen ganz anderer Art erwerben.

Und diese Kompetenzen sind im Berufsleben ganz massiv gefragt, ja gehören sogar zu den begehrten Führungsfähigkeiten.

Da ist einmal Organisationstalent als häufig gefragte Fähigkeit. Ja, wer ist denn besser in der Lage, schwierige Situationen zu organisieren, als eine Familienfrau?

Allein so etwas scheinbar Banales wie der Arztbesuch mit zwei lebhaften Kleinkindern muss generalstabsmäßig organisiert werden:

Da müssen die Kinder der Witterung entsprechend gekleidet sein, ist es kalt, dürfen weder Mütze noch Handschuhe vergessen werden.

Auch für Spielzeug für langweilige Minuten muss gesorgt sein und das Bilderbuch zum Vorlesen darf ebenfalls nicht fehlen. Damit nicht genug, auch an Essen, Trinken, Reservewindel und Wasch-Handschuh muss gedacht werden.

Und zu guter Letzt sollte Zeit für Unvorhergesehenes eingeplant werden, denn Kinder sind eben Kinder und daher ziemlich unberechenbar.

An größere Aktionen wie Kindergeburtstage, Schulanfänge und die Betreuung von kranken Kindern sei nur am Rande erinnert. Die Familienfrau steht also dem Projekt-Manager beim Organisationstalent um nichts nach.

Aber auch im Umwelt-Denken muss sich so mancher Manager eine Scheibe von seiner gewiss weniger anerkannten Familienfrau abschneiden.

Und nicht zu vergessen: der ganze große Bereich der Führung und Mitarbeiter-Motivation, sprich Kindererziehung, und die dabei nötige Belastbarkeit.

Bereits an diesen wenigen Beispielen kann man unschwer sehen, dass Familienfrauen einige Kompetenz und einiges Organisationstalent vorweisen können.

Es gibt daher keinen Grund, an sich zu zweifeln, bloß weil frau einige Jahre nicht im Erwerbsprozess gestanden ist.

Wenn der Einstieg ins Berufsleben bei Sonja nun so einfach erschienen ist, nur ein paar Kurse machen und schon ist man wieder berufstätig, so ist das meist nicht die Regel.

Familie, Freunde und meist auch man selbst haben jede Menge „gute“ Gründe parat, warum der Wiedereinstieg doch nicht so einfach vorgenommen werden kann. Verständlich! Auch dafür gibt es einige psychologische Erklärungen.

Wie wir beim Schuleintritt oder -wechsel unserer Kinder besprochen haben, macht jede Veränderung erst einmal Angst. Und so ein Wiedereinstieg nach der Familienphase ist eine ganz große Veränderung. Und zwar nicht nur für die betroffene Frau selbst, die ihren eigenen Alltag wieder neu und anders organisieren muss, sondern selbstverständlich auch für die Familie.

Bequemlichkeiten müssen aufgegeben werden, zusätzliche Arbeiten müssen von jedem einzelnen übernommen werden, und es gibt keinen zentralen Ansprechpartner mehr für die Haushaltsbelange. All diese Faktoren bedeuten mehr oder weniger Unbehagen und Einschränkungen für die Familie – zumindest auf den ersten Blick.

Deswegen ist es sehr wichtig, die Familie und sich selbst sorgfältig auf diese neue Erfahrung vorzubereiten und einzustimmen.

Das Arbeitsmarktservice bietet eine Reihe von Maßnahmen an, in denen Sie sehr gründlich auf die neue Situation vorbereitet werden. In diesen Lehrgängen werden nicht nur fachliche Kompetenzen für Ihren jeweiligen Beruf aufgefrischt oder neu erlernt; Sie erwerben dabei auch wichtige soziale Kompetenzen wie Selbstpräsentation, Verhalten in Bewerbungssituationen, Zeitmanagement, Konflikt-Management und vieles mehr.

Ein besonderer Vorteil dieser Lehrgänge liegt darin, dass Sie durch die Anpassung der Kurszeiten an die zukünftige Arbeitszeit wieder ein Gefühl für die Einhaltung von vereinbarten Arbeitszeiten bekommen. Sie probieren während eines derartigen Lehrganges aus, ob sich diese Form der Arbeitseinteilung und Arbeitszeit mit Ihrer persönlichen Familiensituation vereinbaren lässt. Sie spüren, was es bedeutet, eine bestimmte Zeit des Tages außer Haus zu sein und sich nicht um die Familie kümmern zu können, die ja bis dahin der Mittelpunkt Ihrer Tätigkeit war. Sie stellen fest, ob Sie eine berufliche Tätigkeit in dieser Form wollen oder ob Sie lieber eine andere Form bevorzugen würden. Ihre Entscheidung hängt letzten Endes von Ihren persönlichen Kräften und von den familiären und beruflichen Rahmenbedingungen ab.

Für die Familie ist ein derartiger Einstieg ebenso meist besser zu verkraften, weil diese Form eine Art „Probezeit" darstellt, in der Ihr Arbeitsengagement noch nicht „ernst" ist. Sie besuchen ja einstweilen nur einen Lehrgang. Schritt für Schritt gewöhnt sich die Familie an die neue Situation. Ihr Zeitmanagement muss sich den neuen Anforderungen anpassen.

10 goldene Regeln für ein erfolgreiches Zeitmanagement

1. **Werden Sie sich klar, was Ihnen am wichtigsten ist. Und was an zweiter und dritter Stelle steht: z.B. 1. Familie, 2. Beruf, 3. Haushalt.**

   Setzen Sie dann ganz bewusst Prioritäten auch in Ihrer Zeiteinteilung und im Zeitaufwand. Denn Zeit ist unser wichtigstes Gut – wir haben nicht unendlich viel davon. Deshalb sollten wir uns gut überlegen, wo wir unsere Schwerpunkte setzen, um dieses knappe Gut für uns befriedigend zu verteilen.

   Das Setzen von Prioritäten steht aber nicht nur sozusagen philosophisch als Lebensüberschrift hier, sondern bezieht sich ganz konkret auch auf die Einteilung Ihrer Tätigkeiten. Setzen Sie ganz bewusst Prioritäten, die mit Ihrer Einstellung im Einklang sind. Wenn Familie Ihre oberste Priorität ist, handeln Sie bitte auch so. Und betrachten Sie die Anliegen Ihrer Kinder nicht als lästige Störungen. Nehmen Sie diese wichtig und reagieren Sie adäquat darauf, so wie es Ihren ausgewählten Prioritäten entspricht. Und planen Sie die entsprechende Zeit dafür ein.

2. In engem Zusammenhang mit der ersten Regel steht die zweite: Vergessen Sie Ihren Perfektionismus.

Gäste, Freunde, Verwandte und nicht zuletzt Sie selbst wissen, dass in Ihrer Wohnung, Ihrem Haus auch Kinder leben. Es darf auch so aussehen. Das heißt nicht, dass Sie nie aufräumen dürfen und nicht auf Sauberkeit achten sollen. Das heißt nur, dass es in Ihrem Zu Hause nicht so aussehen muss wie auf einem Bild der Hochglanz-Wohnzeitschriften.

Seien Sie dort perfekt, wo es Ihnen wirklich wichtig ist.

3. Teilen Sie die Hausarbeit ein und auf. Schätzen Sie die Dauer richtig ein.

Wir haben bereits mehrmals über den Sinn von Einteilung und Aufteilung der Hausarbeit gesprochen.
Zu einem sinnvollen Zeitmanagement gehört diese Planung wie die Luft zum Atmen.

Dass auf die Planung auch die Ausführung folgen muss, scheint klar zu sein, wird aber nicht immer so gesehen. Deshalb

4. Halten Sie Ihre Planung, die höchstens 70 Prozent der verfügbaren Zeit umfassen soll, möglichst konsequent ein.

Ersuchen Sie auch Ihre Familie, Sie dabei zu unterstützen, bzw. die eigenen Planungen und Vereinbarungen einzuhalten. Wenn Sie sich mit Ihrem Partner bei der Betreuung der Kinder und des Haushalts abwechseln, nützen Sie die Ruhezeiten für Ihre eigenen Bedürfnisse. Und: Verplanen Sie Wochenenden nicht bis zur letzten Sekunde. Sowohl Sie als auch Ihre Familie haben ungeplante Stunden nötig, in denen alle ein bisschen trödeln und faul sein können.

5. **Daraus folgt goldene Regel Nr. 5: Lassen Sie das Vergnügen, das Leben nicht beiseite, auch wenn die Hemden auf das Bügeln warten.**

Sie werden feststellen, dass der Wechsel von Vergnügen und Arbeit das Leben erst richtig lebenswert macht. In jeder Familie gibt es auch Platz für das Vergnügen. Und wenn Sie sich einmal darauf eingelassen haben, sich und Ihren Lieben Entspannung und Vergnügen zu gönnen, werden Sie wahrscheinlich auch weniger Konflikte in der Familie erleben. Prüfen Sie daher kritisch das vorhandene Vergnügungspotential. Sowohl finanziell als auch zeitlich. Wahrscheinlich werden Sie mit guter Planung für die wichtigsten Anliegen aller Familienmitglieder Möglichkeiten finden.

6. **Haben Sie stets einen Notfallplan für Sonderfälle parat.**

Ersuchen Sie nicht nur eine, sondern mehrere Personen um Hilfe bei Krankheiten von Kindern oder bei sonstigen ungeplanten Notfällen. Eine der Personen wird mit ziemlicher Wahrscheinlichkeit Zeit für Sie haben.

7. **Bilden Sie Blöcke für größere oder gleichwertige Aufgaben.**

Teilen Sie sich Ihre Arbeiten so ein, dass Sie gleichwertige Aufgaben in einem Zug machen. So erledigen Sie keine unnötigen Doppelarbeiten und müssen Hilfsmittel wie Eimer, Staubsauger und andere Werkzeuge nicht immer her- und wegräumen.

8. **Wenn Sie eine scheinbar unüberwindlich große Arbeit vor sich haben, bedienen Sie sich der Salamitaktik.**

Teilen Sie die Arbeit in kleinere, überschaubare Einheiten und erledigen Sie einen Teilschritt nach dem anderen. So haben Sie bessere Erfolgserlebnisse und freuen sich, wenn Sie Teilschritte erledigen konnten.

9. Vereinbaren Sie Termine mit sich selbst für wichtige Aufgaben und halten Sie diese so ein, wie Sie einen Arzt- oder Geschäftstermin einhalten würden.

10. Beziehen Sie, wenn irgendwie möglich, Ihre eigenen Leistungshochs und -tiefs in die Arbeitsplanung ein.

Planen Sie Routinearbeit dann, wenn Sie sich nicht so kreativ fühlen. Hören Sie auf Ihren Körper und spüren Sie Ihren persönlichen Leistungsrhythmus. Wenn Sie ein wenig achtsam sind, werden Sie herausfinden, zu welcher Zeit Sie „Bäume ausreißen“ können und wann Sie eher zur Müdigkeit neigen. Planen Sie diese Phasen ein.

Wenn Sie sich selbst nicht zu sehr zwingen, wird auch das Ergebnis Ihrer Tätigkeit besser sein und Sie werden weniger Zeit benötigen. Ob Sie nun tatsächlich mit dem Gedanken spielen, wieder ins Berufsleben einzusteigen oder andere Probleme lösen müssen, das folgende Arbeitsblatt bietet sehr brauchbare Hilfe für das Ausarbeiten von Lösungen.

Bearbeiten Sie bei Problemstellungen, welcher Art auch immer, das folgende Blatt. Überlegen Sie sehr ehrlich mit sich selbst, wo Ihre Widerstände für ein bestimmtes Projekt zu finden sind. Aber überlegen Sie auch sehr sorgfältig, wo Sie Unterstützung und Ressourcen für dasselbe Projekt in sich selbst und in anderen Menschen finden können.

Problemstellung:

Gewünschte Lösung:

Hemmende Faktoren

Fördernde Faktoren

In mir selbst

In anderen Menschen

In objektiven Faktoren
(Zeit, Geld, Betreuung ...)

Notwendige Hilfsmittel

Zu beschaffen

Vorhanden

Sehr häufig ergeben sich durch die genauere Auseinandersetzung mit den Problemstellungen konkrete Antworten auf schon lange vorhandene Fragen, die Sie bisher nicht in dieser Deutlichkeit gestellt haben. Manchmal wird ganz klar, dass ein bestimmtes Projekt sicher nicht wie geplant realisierbar ist. Ein anderes Mal fragen Sie sich wahrscheinlich, warum Sie so lange gezögert haben, es in Angriff zu nehmen.

Also es geht wieder einmal um den ehrlichen Umgang mit sich selbst, der langfristig Unbehagen erspart und kurzfristig zu Aktivitäten anspornt.

Zusammenfassung

- Wiedereinstieg – gewusst wie.
- Achten Sie auf Widerstände, um damit umzugehen.
- Beachten Sie ein straffes und überlegtes Zeitmanagement.
- Lösen Sie Probleme nach reiflicher Überlegung.
- Haben Sie Geduld mit sich selbst, achten Sie aber auch auf Selbstdisziplin.

Panik vor dem Semesterzeugnis

- Letzte Rettungsanker für Schulprobleme
- Reiseüberlegungen
- Gut organisiert in die Ferienreise
- Reisen mit Kindern

Im Jänner bricht erfahrungsgemäß der letzte Anflug von Ehrgeiz vor dem Zeugnis aus. Was noch nicht befriedigend benotet ist, soll nun im letzten Augenblick gerettet werden. Sowohl Kinder als auch Eltern verfallen bereits beim Anblick von Durchschnittsnoten in Panik – und nun soll gezaubert werden.

Das ist leider im täglichen Leben nicht möglich und so möchte ich noch einmal auf das Kapitel „Lernen" verweisen und betonen, dass ein gleichbleibendes Mitlernen in allen Gegenständen das banalste und zugleich wirksamste Mittel ist, unangenehmen Überraschungen am Semesterende vorzubeugen.

Wenn nun aber die Vorsorge-Mechanismen doch versagt haben und nur mehr radikale Methoden helfen, gilt es, die Konzentration auf die Schwachpunkte zu lenken.

Schimpfen und Belehren helfen zu diesem Zeitpunkt nicht mehr viel, denn die konsequente Hilfestellung hätte bereits früher erfolgen müssen.

Was also ist zu tun?

Besonders wichtig ist es, das Kind in dieser unangenehmen Situation nicht allein zu lassen. Zeigen Sie, dass Sie hinter ihm stehen und schlechte Noten nicht die ganze Persönlichkeit bewerten; machen Sie Ihrer Tochter / Ihrem Sohn klar, dass Sie sie unabhängig von den Noten lieben. Zeigen Sie aber auch, dass es Ihnen wichtig ist, dass Ihr Kind erfolgreich ist. Und zwar deswegen, weil Sie alle entspannter in die Zukunft blicken können, wenn ein entsprechender Schulerfolg bestimmte Ziele erreichbar erscheinen lässt. Diese Haltung ist eine prinzipielle, die Sie permanent vermitteln sollten.

Wenn Sie die finanziellen Mittel für Nachhilfe haben, scheuen Sie sich nicht, diese in Anspruch zu nehmen. Nicht als Dauereinrichtung, sondern als vorübergehende Unterstützung; denn man ist meist kein besonders guter Lehrer, wenn man selbst mit Gefühlen und Ambitionen beteiligt ist. Zu viele widersprüchliche Gefühle kommen im pädagogischen und fachlichen Unterricht dann dazwischen.

Lernt Ihr Kind allein, vergessen Sie nicht, die geleisteten Aufgaben zu kontrollieren und angemessene Rückmeldungen darüber zu geben. Weisen Sie auf Fehler hin und versuchen Sie, die Geduld aufzubringen, Ihr Kind allein auf die Verbesserungsmöglichkeit kommen zu lassen. Helfen Sie nur mit kleinen Schritten – in der Schule muss das auch gehen. Und auch hier gilt wieder: Äußerungen wie „Ich hab ja gewusst, dass du das nie begreifst", haben keinen Platz und keinen Sinn. Sie untergraben mit solchen Aussagen das Selbstbewusstsein des Kindes – und alles wird noch schlimmer.

Andererseits ist auch Schönfärberei nicht am Platz. Ehrliches Feedback ist der beste Weg, das Denken des Kindes anzuregen und es auch zu motivieren.

Im Februar gibt es nicht nur Zeugnisse, es gibt auch Ferien. Und je nach finanzieller Möglichkeit sollten Sie versuchen, die Ferien Ihrer Kinder auch wirklich als Ferien zu gestalten. Ein Aufenthalt in der Natur beim Schifahren oder anderem Wintersport schadet sonnenhungrigen Stadtmenschen sicher nicht. Umso besser, wenn die ganze Familie dabei sein kann. Andererseits stellt sich die Frage, ob ein derartiger Familienurlaub im Winter nicht sehr stark die finanziellen Möglichkeiten beansprucht. Und auch die Frage nach einem sinnvollen Zeitmanagement erhebt sich. Denn bedeutet es wirklich Entspannung für alle Familienmitglieder, mit Sack und Pack und Winterausrüstung für eine knappe Woche ins Gebirge zu fahren? Dies sollten Sie sehr gründlich gemeinsam mit Ihrer Familie prüfen.

Vielleicht ist es für die Kinder genauso schön, die Ferien einmal zu Hause zu verbringen und mit einem Elternteil einige Ausflüge in die Umgebung zu unternehmen. Oder lassen Sie die Kids allein einen Schikurs besuchen, was außerdem billiger ist als eine Wintersportwoche mit den Eltern.

Versuchen Sie, gerade beim Thema Urlaub ein wenig die festgefahrenen Gleise zu verlassen.

Fragen Sie sich ernsthaft und ohne Vorurteile, wie sinnvoll, nützlich und – nicht zuletzt – wie angenehm die letzten Urlaube für Sie und Ihre Familie tatsächlich gewesen sind. Verwenden Sie eine einfache Plus-/Minus-Liste, in der Sie alle Vor- und Nachteile kritisch beleuchten. Bewerten Sie am Schluss auf einer Skala von 1–5 (1=unwichtig, 5=wichtig), wie die einzelnen Aspekte ins Gewicht fallen. Sie werden dabei eine ungefähre Orientierung erhalten, worin für Sie der Sinn einer bestimmten Urlaubsform besteht.

Stellen Sie gemeinsam mit Ihrer Familie auf einer derartigen Liste Vor- und Nachteilen einander gegenüber , um die Meinungen aller Familienmitglieder mit einzubeziehen. Stellen Sie aber von vornherein klar, dass Sie und Ihr Partner das Recht der endgültigen Entscheidung haben. Sie beugen damit Enttäuschungen der Kinder vor, die bei solchen demokratischen Vorgangsweisen gerne annehmen, dass die Entscheidungsfindung bereits mit der Entscheidung gleichzusetzen ist.

Wenn Sie sich nun für einen Urlaub entschließen, sollten Sie auf eine gute Vorbereitung achten. Wie immer erspart eine gut durchdachte Planung viel Arbeit und Ärger bei der Durchführung. Gerade ein Winterurlaub benötigt mehr Sorgfalt bei der Planung, da die Außenbedingungen ja nicht so freundlich sind wie im Sommer.

Reisen mit Kindern bedeutet überdies noch ein Mehr an Vorbereitung, sodass die nachfolgenden Arbeitsblätter im Falle einer Reise wirklich gründlich durchgearbeitet werden sollten.

Vor der Reise zu erledigen	Wer?	Bis Wann?	Erledigt
Angebote sichten			
Kinderfreundlichkeit beachten			
Babysitter-Möglichkeit planen			
Hotel buchen			
Visum besorgen			
Fahrkarten/Tickets holen			
Schutzbrief (Touringclub) besorgen			
Diverse Versicherungen abschließen (Kranken-, Unfall-, Rückhol-, Reisegepäckversicherung)			
Devisen			
Kreditkarten und Schecks vorbereiten			
Impfungen vornehmen			
Inspektion Auto			
Reifenwechsel Auto			
Kindersitz-Montage			
Kindersicherungen aktivieren			
Grüne Versicherungskarte			
Fällige ärztliche Untersuchungen der Kinder durchführen			
Vorhandensein/Gültigkeit d. Reisedokumente überprüfen			
Haustier- und Pflanzenversorgung organisieren			
Urlaubsadresse hinterlassen			
Zeitungsabos unterbrechen			

Vor der Reise zu erledigen	**Wer?**	**Bis Wann?**	**Erledigt**
Post-Nachsende-Auftrag oder Ausräumen des Postkastens organisieren			
Mitnehmen für Kinder:			
Windeln			
Wickelunterlage			
Wickelzubehör			
Fläschchen und Sauger			
Schnuller			
Sterilisationszubehör			
Regenschutz für Kinderwagen			
Kinderwagen			
Sonnenschirm für Kinderwagen			
Regenschutz			
Gummistiefel			
Warme Schuhe			
Genügend Kleidung für Drinnen und Draußen (pro Tag zwei Garnituren)			
Schi-Overall			
Anorak und gefütterte Hosen			
Handschuhe			
Schal			
Strandspielzeug			
Sonnenschirm			
Badezeug			
Genügend Kopfbedeckungen			
Spiele/Spielzeug			
Gameboy			

Vor der Reise zu erledigen	Wer?	Bis Wann?	Erledigt
Walkman und Kassetten			
Decken			
Spezielle Kinderkörperpflege			
Sonnencreme mit hohem Sonnenschutzfaktor			
Hausschuhe			
Schuhe, Sandalen			
Mitnehmen für die Eltern:			
Körperpflege/Kosmetik			
Persönliche Körperpflege und Kosmetikartikel			
Seife, Duschgel, Shampoo			
Hautcreme			
Sonnencreme			
Zahnpasta, -bürste			
Deodorant			
Kamm, Bürste			
Nageletui			
Rasierset			
Föhn/Trockenhaube			
Kleidung:			
Für je 2 Tage eine Garnitur Überkleidung			
Hemden			
Blusen			
T-Shirts			
Pullover			
Hosen			
Röcke			

Vor der Reise zu erledigen	Wer?	Bis Wann?	Erledigt
Kleider			
Socken/Strumpfhosen			
Unterwäsche für jeden Tag			
Nachtgewand			
Hausschuhe			
Schuhe			
Regenbekleidung			
Gürtel			
Krawatte			
Handschuhe			
Schmuck			
Kopfbedeckung			
Schal			
Taschentücher			
Sonnenbrille/Brille			
Allgemein:			
Dokumente			
Versicherungspolizzen			
Grüne Karte			
Kreditkarten und Schecks			
Geld/Devisen			
Adressenliste Urlaubspost			
Führerschein/ Zulassungsschein			
Reise-/Buchungsunterlagen			
Impfpass			
Stadtpläne/Landkarten			
Sprachführer/Reiseführer			
Reiseapotheke – vor allem auf Kinder abgestimmt			

Vor der Reise zu erledigen	**Wer?**	**Bis Wann?**	**Erledigt**
Dosenöffner, Korkenzieher, Taschenmesser			
Reiseverpflegung			
Regenschirm			
Nähzeug			
Spülmittel für Kindergeschirr			
Geschirrtücher			
Einmalgeschirr und – besteck			
Taschentücher/Kleenex			
Insektenschutz			
Feuerzeug			
Sportgeräte für die ganze Familie			
Badetücher			
Badezeug			
Schuhputzzeug			
Waschmittel			
Bücher/Zeitschriften			
Fotoapparat/Filmkamera Filme			
Kassetten, Radio, CD, Batterien			
Sonstiges:			

Es spricht übrigens auch gar nichts gegen eine Reise zu zweit. Wenn Sie über eine geeignete Kinderbetreuung verfügen, wie Angebote der Schule, verschiedener Jugendorganisationen oder gar einer Oma oder Tante, nützen Sie auch die Möglichkeit, doch einmal zu zweit mit Ihrem Partner Urlaub zu machen.

Auch dafür sollten Sie vorherigen Arbeitsblätter verwenden, ergänzt durch die Organisation der Kinderbetreuung, die Sie sich ja bereits beim Aufbau eines „Netzwerkes" genau angesehen haben.

Sie werden sehen, wenn Sie auch in dieser Situation einmal losgelassen haben, fällt es Ihnen auch im Alltag leichter, Ihren Kindern Verantwortung zu übertragen und Aufgaben an sie zu delegieren. Und der wichtigste Aspekt dabei ist die Wiederherstellung der „Zweisamkeit", in der Sie Ihrem Partner wieder näher kommen können. Ein wahrer Balsam für Ihre Partnerschaft!

Das Reisen selbst stellt mit Kindern immer eine gewisse Herausforderung dar. Egal, ob Sie mit Bahn, Flugzeug oder eigenem Auto reisen, die Kinder wollen immer beschäftigt werden. Je kleiner sie sind, desto mehr. Halten Sie daher immer interessantes Spielzeug oder Lektüre für die Reise bereit. Wenn die Kinder noch klein sind (Vorschulalter), setzt sich der Beifahrer am besten für einen Teil des Weges nach hinten zu den Kindern. So können Sie Streit vermeiden oder zumindest rascher schlichten, vorlesen, spielen, was auch immer. Den Kindern und auch Ihnen, sowohl Beifahrer als auch Fahrer wird die Zeit viel schneller vergehen.

Kinder singen übrigens gerne. Legen Sie also, wenn Sie selbst nicht so gerne singen, eine Liederkassette ein. Da kann man mitsingen oder auch nur zuhören, in jedem Fall sind die Kinder wieder beschäftigt. Ein Walkman für jedes einzelne Kind, das im Auto mitfährt, hat sich sehr bewährt. Mit der Lieblingskassette ausgestattet, lässt sich damit auch wieder eine Weile in Ruhe und Gelassenheit überbrücken.

Machen Sie Pausen nach jeweils eineinhalb Stunden. Auf einigen Raststätten entlang der Autobahnen gibt es Spielplätze, auf denen Kinder die angestauten Energien abbauen können.

Wenn Sie mit dem Auto fahren, setzen Sie die Kinder immer in entsprechende Kindersitze und/oder schnallen sie sie an. Egal, wie kurz die Reise ist, Anschnallen ist nicht nur gesetzliche Pflicht. Sollten Sie allein unterwegs sein und die Kinder im Fond streiten, kümmern Sie sich nicht während des Fahrens darum. Fahren Sie zur Seite, stellen Sie das Auto ab und besprechen Sie die Situation. Nehmen Sie genügend Getränke entweder im Fläschchen bei Kleinkindern oder in Trinkpäckchen mit. Getränke stillen nicht nur den Durst, sie sind auch meist hilfreich bei Reiseübelkeit.

Nicht zu saftiges Obst und trockene Kekse oder sparsam belegte Brote helfen bei Hunger und lenken die Kinder für eine Weile ab. Vergessen Sie im Zusammenhang mit dem Essen und Trinken im Auto nicht auf Kleenex oder feuchte Tücher zum Abwischen. Auch ein Behältnis für den Müll sollten Sie für die Reise vorbereiten.

Autofahren schläfert die meisten Kinder zumindest vorübergehend ein. Nützen Sie die Gunst der Stunde und versuchen Sie, in dieser Zeit so weit wie möglich zu kommen.

Für Reisen mit Kindern gilt wiederum: Lassen Sie sich optimistisch darauf ein, versuchen Sie gelassen zu bleiben, auch wenn es manchmal schwer fällt. Kinder sind nun einmal keine Maschinen.

Überlegen Sie vor allem, ob Sie überhaupt Reisen unternehmen oder sich nicht lieber zu Hause mit den Kindern beschäftigen wollen. Sie werden wahrscheinlich die Erfahrung machen, dass das nicht wirklich mühsamer ist, als lange Reisen mit Kindern zu planen und zu organisieren.

Zusammenfassung

- In Zukunft: Fehler beim Lernen schon während des Schuljahres vermeiden.
- Vor allem mit Kleinkindern: Überlegen Sie sehr gut, ob und in welchem Ausmaß Sie eine Ferienreise antreten wollen.
- Auch fürs Reisen gilt: Gut organisiert ist halb angekommen.

Bis der Tod Euch scheidet?

- Konflikte als Chance begreifen – auch wenn sie sehr schmerzen
- Bei Trennung: Rat von Experten einholen
- Neubeginn nach der Trennung

Ruth T. war glücklich. So was von glücklich war sie schon lange nicht mehr gewesen. Das strahlte sie auch aus. Immer fröhlich und strahlend ging sie seit einigen Monaten durch die Welt. Ihre Freunde und Kollegen fragten sie: „Sag, bist du verliebt, oder was ist los mit dir?" Ihrem Mann, Andreas, fiel es auch auf: „Also wenn ich nicht wüsste, dass du mir treu bist, würde ich sagen, du hast dich in einen anderen verliebt," meinte er. Ruth sagte nichts dazu. Sie hoffte, ihre strahlende Laune würde nie vergehen. Denn die anderen hatten recht: Sie war tatsächlich verliebt. Peter, so hieß der ebenfalls Überglückliche, war ebenso verliebt wie sie. Wann immer es möglich war, trafen sie sich, verbrachten aufregende Minuten und manchmal Stunden und fuhren auf der wunderbaren Schiene der Verliebtheit. Was heißt fuhren! Sie schwebten in der Schwebebahn der Frühlingsgefühle und meinten, nie mehr auf den Boden des banalen Alltags treten zu müssen. Alles war ganz anders! Natürlich „betrogen" sie ihre Partner nicht, denn wer kann schon jemand betrügen, der einem so gut wie gar nichts geben wollte und konnte. Es war doch offensichtlich, dass man jahrelang einem Irrtum aufgesessen war. Dieser klärte sich nun endlich auf. Denn so etwas wie Ruth und Peter jetzt miteinander erlebten, das hatte es ganz bestimmt noch nie gegeben. Darüber waren sie sich einig. Manchmal dachten sie darüber nach, wie sich Andreas und Sabine, Peters Verlobte, wohl fühlen würden, wenn sie erführen, dass sie nicht mehr die Hauptpersonen im Gefühlsleben der beiden waren. Aber solche Gedanken waren schnell wieder vergessen, wenn sich Peter und Ruth auf ihr eigenes Glück konzentrierten.

„Wir wollen nicht egoistisch sein," erklärte Ruth ihrer besten Freundin Meike, „aber es läuft einfach nicht mehr so wie früher in unseren Partnerschaften." Ruth war jetzt fünfzehn Jahre mit Andreas beisammen und er war ihr erster Mann gewesen. Peter lebte seit acht Jahren mit Sabine und eigentlich wollten sie irgendwann einmal heiraten und eine „richtige" Familie gründen. Ruth konnte sich durchaus vorstellen, Andreas zu verlassen, denn eigentlich wollte sie keine „untreue" Frau sein. Das passte nicht gut in ihr Weltbild. Peter hingegen meinte, dass sie „das Kind nicht mit dem Bad ausschütten sollten", so hastig wollte er sich nicht trennen vom gemeinsamen Eigenheim, der gesellschaftlichen Stellung und seinen täglichen Gewohnheiten. Zufrieden war er natürlich auch nicht mit der Heimlichtuerei und dem notwendigen Anlügen seiner Partnerin. Aber deshalb alles aufgeben, was sie sich so schön geschaffen hatten?

Eines Tages meinte Andreas: „Wenn Du einen anderen hast, dann solltest du dich entscheiden. Denn ich hab' dich lieb wie immer und möchte dich auch nicht verlieren. Aber teilen möchte ich dich auch nicht.“ Jetzt sah die Situation auf einmal anders aus.

Aber wie konnte eine Lösung aussehen?

Zu diesem Zeitpunkt suchte Ruth meinen Rat als Therapeutin. Denn helfen konnte ihr momentan niemand. Nicht ihre Mutter, die meinte, dass sie doch bei ihrem Mann bleiben sollte, wo es ihr doch so gut gehe. Nicht bei ihren Freunden, die ihr immer wieder das Bild des perfekten Ehepaars malten, das sie und Andreas abgaben.

Und auch, und das schon gar nicht, bei Peter, der meinte, Andreas solle sich nicht so anstellen.

Ruth und ich versuchten nun, das Vorgefallene zu ergründen. Was dazu geführt hatte und wie es weitergehen sollte.

Dass Andreas Ruths erster und bisher einziger Mann in sexueller Hinsicht gewesen war, konnte natürlich eine Rolle gespielt haben. Denn wer war denn nicht neugierig, wie es wohl mit jemandem anderen funktionieren würde, wenn er schon fünfzehn Jahre mit ein und demselben Menschen beisammen war. Und wenigstens das wusste Ruth jetzt: Anderswo wurde auch nur „mit Wasser gekocht“. Nicht, dass Peter kein zärtlicher Liebhaber wäre, aber mit Andreas war das genauso schön. Nicht mehr so aufregend, das stimmte, aber dafür in allen Facetten vertraut und mit einem großen Gefühl der Geborgenheit. Trotzdem, so intensiv glücklich war Ruth mit Andreas schon lange nicht mehr gewesen. Was also war so anders, dass ihr nicht mehr klar war, wo sie hingehörte? Waren es die Aufmerksamkeiten, die ihr Peter entgegenbrachte, für den sie „das Liebste auf der Welt“ war, wie er immer sagte? Waren es die kleinen Geschenke, die er ihr mitbrachte, die Blumen, die er ihr schickte? Oder war es einfach das andere, das er repräsentierte, die aufregende Seite des Lebens.

Gemeinsam erarbeiteten wir ein Szenario, in dem wir uns vorstellten, dass Ruth und Peter zusammenleben würden. Und dass ihre Beziehung genau denselben Sachzwängen unterliegen würde, wie ihre derzeitigen Beziehungen. Nämlich gesellschaftlichen, beruflichen und finanziellen Verpflichtungen und organisatorischen Gegebenheiten, wie Haushaltsführung und dergleichen. Würde ihre Liebe dann noch genauso spannend und einzigartig sein wie jetzt, da sie losgelöst war von all diesen Banalitäten? Wo sie sich Zeit füreinander nahmen und einander das Gefühl gaben, das Wichtigste auf der Welt zu sein?

Was war der richtige Weg? Andreas würde sehr gekränkt sein, wenn sie ihn verließe. Die Kinder würden selbstverständlich mitkommen, aber wie würde es ihnen gehen?

Und wäre es mit Peter wirklich soviel anders und schöner?

Nach Klärung all dieser Fragen beschlos Ruth, ihren Mann zu verlassen. Nicht nur wegen Peter, denn die Beziehung zu ihm hatte sie bereits aufgegeben, als sie merkte, dass es ihm keineswegs so ernst war. Sie hatte bei der Analyse aller Fragen festgestellt, dass nach all den Jahren nicht mehr viel Gefühl für Andreas da war. Ihre Kommunikation beschränkte sich auf äußerliche Fragen der Haushalts- und der Familienbetreuung und so richtig miteinander geredet hatten sie schon seit Jahren nicht mehr.

Im Verlauf der Krise fanden sie zumindest ein wenig Zeit für die Klärung ihrer Beziehung und Ruth fand heraus, dass Andreas ebenso wie sie bereits mit ihrer Beziehung abgeschlossen hatte.

Als sich die Situation nach einem schwierigen und von Zweifeln und Fragestellungen geprägten Jahr zu klären begann und Ruth die Scheidung als einzige Möglichkeit herausgearbeitet hatte, war es zuerst einmal nötig, die Abwicklung zu klären.

Andreas war zuletzt ganz einverstanden mit Ruths Vorschlag, sich einvernehmlich zu trennen, und die Kooperation beim Trennen des gemeinsamen Besitzes klappte erstaunlich gut. Ruth konnte mit den Kindern in der ehemals gemeinsamen Wohnung bleiben. Das ging sich auch finanziell aus, da sie ja ohnehin schon seit längerem einen recht gut bezahlten Job als Sachbearbeiterin in einer Bank hatte. Alles andere ließ sich auch ziemlich sauber trennen. Andreas zahlte angemessenen Unterhalt für die Kinder und so gab es zumindest keine finanzielle Diskussion.

Was Ruth jedoch vordringlich organisieren musste, war das neue Leben allein, ohne die, wenn auch geringe, Hilfe von Andreas bei der Haushalts- und Kinderbetreuung.

Eine etwas andere Ausgangsbasis gab es bei Sylvia. Sie verliebte sich nicht in einen anderen, um zu entdecken, dass sie etwas ändern wollte in ihrem Leben. Sie war gerade 38, als sie begann, ihr bisheriges Leben einfach aus heiterem Himmel zu hinterfragen. Sie war eine der Frauen um 40:

Da ändert sich nämlich meistens etwas im Leben. Ein bisschen könnte man diese Phase mit der Pubertät vergleichen. Denn geht es in der Pubertät darum, den ersten Schritt ins Erwachsenenleben zu tun, zu befinden, welche Werte und Normen aus der Erwachsenenwelt man für sich akzeptieren oder verwerfen will, stellt sich für viele Frauen und Männer um 40 die Frage, ob das Leben mit Kinderaufzucht, dem einen Lebenspartner, der eingegangen beruflichen Verpflichtung, ewig so weitergehen soll.

Die Kinder sind vielleicht schon aus dem Haus, der Beruf dauert noch 15 bis 20 Jahre und den Lebenspartner mit all seinen Eigenarten vielleicht tatsächlich „bis der Tod Euch scheidet“ erleben – sind das Zukunftsperspektiven?

Sylvia erzählt: „Ich war 38 und eines Tages wurde mir klar, dass mein Leben so nicht weitergehen konnte. Meine Kinder waren praktisch erwachsen, mein Partner war mit seiner Karriere und seinen Hobbys beschäftigt und ich versauerte als Buchhalterin in einem patriarchalisch geführten Unternehmen. Dabei hatte ich als junges Mädchen so große Pläne gehabt: Ursprünglich wollte ich Entwicklungshelferin werden. Doch dann kamen die Kinder bereits mit 20 und 22 und aus diesem Plan wurde nichts.

Mein Studium, das ich zur Beruhigung meiner Eltern begonnen hatte – selbstverständlich Lehramt – Geographie und Geschichte, brach ich ab.

Natürlich, in diesem Alter sind zwei kleine Kinder auch ein großes Abenteuer. Das hat sich aber sehr bald in anstrengende Alltäglichkeit gewandelt. Als die Kinder dann endlich „aus dem Gröbsten" heraus waren, das war vor fünf Jahren, wollte ich arbeiten gehen.

Mit 33 erstmals in einem Beruf Fuß zu fassen, ist nicht leicht. Also verbesserte ich meine Machinschreib-Kenntnisse, machte einen Computer-Kurs und bewarb mich. Den nötigen gesunden Hausverstand, in einem Büro zu arbeiten, traute ich mir schon zu. Mein Mann schrie natürlich auf, denn seine Bequemlichkeit war als erstes dahin. Aber ich setzte mich durch, fand einen ziemlich langweiligen Job und tauschte so eine Langeweile gegen eine andere ein. Der Vorteil ist, dass ich für diese Langeweile wenigstens Geld bekomme.

Ja, das war's. Bis ich dann mit 38 wieder zu grübeln begann. Konnte das wirklich alles gewesen sein, was ich von meinem Leben erwarten durfte? Wo war „die Freiheit nehm' ich mir" und „ich nehme mir, was ich will"? Da kamen dann die Depressionen, die keiner verstand, denn: „Du hast es ja ohnehin so gut, sei doch nicht undankbar und dir ist wahrscheinlich nur langweilig!"

Ich, die immer voll Tatkraft und Energie gewesen bin, hatte nicht einmal die Kraft, meine Handtasche neu zu ordnen oder das Abendessen zu gestalten. In der Klinik holten sie mich mit sehr guten Antidepressiva und einer Psychotherapie aus diesem schwarzen Loch meiner Existenz heraus und es geht mir wieder besser."

Sylvias Geschichte steht hier stellvertretend für viele Schicksale. Natürlich gibt es auch Frauen, die eine durchaus positive Karriere hinter und noch weitere Schritte vor sich haben. Aber auch viele solcher Frauen fragen sich in diesem Alter, wie ihre Zukunft denn wohl aussehen soll.

Woher kommt diese fast unvermeidliche Krise denn nun?

Am ehesten ist ihr Auftreten wohl mit der auftretenden Frage nach dem „Sinn des Lebens“ zu beantworten. Diese Frage stellt sich uns immer wieder. Und zwar umso mehr, je weniger die Religion uns Halt bietet.

Das Idealbild unserer Zeit ist kein altruistisches Menschenbild, sondern ein durch und durch hedonistisches, also ein am eigenen Wohlbefinden ausgerichtetes. In der „Selbstverwirklichung“ Sinn für lange Zeit zu finden, ist wahrscheinlich unmöglich.

Daher ist es nur natürlich, wenn mit der Erreichung aller Ziele, die da sein können: Kindererziehung, Hausbau, Karriere, Wohnung einrichten, Wohlstand nach persönlichem Anspruch – die Frage nach dem Sinn des eigenen Daseins auftaucht.

Auf einmal haben wir Zeit, uns mit uns selbst zu beschäftigen, etwas, das wir angeblich schon immer wollten, was uns aber jetzt tatsächlich ein wenig langweilig oder auch zu aufregend ist.

Die Orientierung muss aus eigener Kraft gefunden werden. Und genau das führt zur oft empfundenen Krise. Denn niemand lebt uns genau das für uns passende Leben vor oder sagt uns auch nur, wie es weitergehen soll.

Eine Depression oder eine andere Krankheit bieten in dieser Phase einen „Ausweg“. Denn Krankheiten geben uns Möglichkeiten zum „Time-out“. Wir können uns außerhalb des „normalen“ Lebens hinstellen und zusehen. Und wir haben Gelegenheit, uns mit uns selbst zu beschäftigen und andere sich mit uns beschäftigen zu lassen. Gut genützt bietet eine Krankheit eine Chance zum Überdenken des bisherigen Lebens und der persönlichen Einstellung dazu.

Auch Sylvia verließ Ihren Mann, weil sie erkannt hatte, dass das Leben mit ihm für sie ohne Bedeutung war. Ihre Kinder waren schon groß genug, mit einiger Planung für sich selbst zu sorgen und im Haushalt mitzuhelfen. Sie benötigten keine Babysitter mehr und Sylvia hatte Zeit, ihr Leben neu zu ordnen und zu überdenken. Sie wählte die Chance, einen Jugendtraum wahrzumachen und studierte Archäologie.

Und selbst wenn heute der finanzielle Rahmen ein wenig enger ist als früher und ein wenig mehr Organisationstalent nötig ist, um allen selbst gewählten Anforderungen zu genügen, Sylvia fühlt sich glücklich und gefordert. Die Depression gehört der Vergangenheit an.

Wenn Sie in einer ähnlichen Situation sind, egal ob Sie die Trennung suchen oder Ihr Mann, sollten Sie folgende Dinge beachten:

Überlegen Sie zuerst gründlich und genau, ob eine kurzfristige Verliebtheit oder eine momentane Sinnkrise eine radikale Lösung vom bisherigen Partner rechtfertigen. Auch hier können eine Plus-/Minus-Liste oder ein Problemlösungsschema nützliche Instrumente zur Klärung der Situation sein. Im Zweifelsfall scheuen Sie sich nicht, einen externen Berater wie Therapeut, Eheberater oder Lebens- und Sozialberater zu Rate zu ziehen. Die finanzielle Investition lohnt sich meistens, da Sie weder von Freunden noch von Familienmitgliedern ehrliche, Ihnen nutzbringende Antworten erwarten dürfen.

Wenn Sie diesen grundlegenden Punkt geklärt haben und zum Ergebnis gekommen sind, dass eine Trennung für alle Beteiligten die beste Lösung ist, zögern Sie nicht länger.

Verzögerungen bringen meist nur weitere unangenehme Gefühle und häufig auch ein gegenseitiges Aufschaukeln im Einander-nicht-mehr-Mögen mit sich. Eine Versöhnung ist kaum zu erwarten.

Nehmen Sie sich einen Anwalt und legen Sie die getroffenen Vereinbarungen fest. Bringen Sie den formalen Akt der Scheidung hinter sich und trennen Sie sich wirklich. Neurotische Anklammerung führt nur zu größerem Schmerz und zu keiner sauberen Lösung.

Klären Sie Besuchsrechte ebenso wie Unterhaltspflichten und achten Sie auf deren Einhaltung.

Erweitern Sie Ihr soziales „Netzwerk“, nehmen Sie eventuell an Sitzungen von Selbsthilfegruppen teil. Es tut ganz gut, sich hin und wieder unbekümmert mit Gleichgesinnten unterhalten zu können und Gefühle und praktische Tipps auszutauschen.

Ihr Notfallplan, den Sie ja schon in Ihrer Ehezeit parat gehabt haben, muss nun noch ausgefeilter und „wasserdichter" werden. Sie sind nun auf sich allein gestellt und benötigen daher möglicherweise mehr Unterstützung von Freunden, Nachbarn, Eltern und Verwandten. Schämen Sie sich nicht, das zuzugeben, Menschen helfen normalerweise ganz gerne (sofern man sie nicht ausnützt).

Und versuchen Sie trotz allem, auch etwas für sich selbst zu tun. Verfallen Sie nicht in den Fehler, nur noch für Ihre Kinder da zu sein. Denn auch Sie brauchen Anerkennung, Zuwendung und vor allem hin und wieder auch Freizeit ohne Kinder. Lassen Sie sich das nicht nehmen, auch wenn manche Leute dafür kein Verständnis haben. Auch Sie müssen sich regenerieren und niemand (schon gar nicht Ihre Kinder) hat etwas von einer ausgebrannten und möglicherweise kränklichen Mutter.

Also planen Sie bitte auch Zeit für sich ein, es lohnt sich.

Finanziell werden Sie sich vielleicht ein wenig einschränken müssen. Auch hier gilt die Devise: Prüfen Sie nun noch sorgfältiger, was Sie und Ihre Kinder wirklich brauchen. Gönnen Sie sich lieber ab und zu die Erfüllung eines wirklichen Wunsches, als allzu häufig den schnellen Einkauf von Ramsch.

Zusammenfassung

- Nehmen Sie Ihre „Midlife-Crisis" wahr.
- Denken Sie über Veränderungschancen nach.
- Sie haben Ihr Schicksal auch nach einer Trennung in der Hand.
- Machen Sie das Beste daraus.

Arbeitslosigkeit ist nicht gottgwollt

- Arbeitslosigkeit als Chance für mehr berufliche Zufriedenheit in Zukunft
- Kreative Reflexion der eigenen Stärken und Schwächen
- Zielgerichtetes Vorgehen bei der Jobsuche

„Ich weiß wirklich nicht mehr, was ich machen soll“, klagte mir Martha, eine Klientin, ihr Leid. „Ich bin jetzt bald 45 und vor ein paar Monaten bin ich arbeitslos geworden, weil das Unternehmen in Konkurs gegangen ist. Aber das ist noch nicht alles: Wenn das stimmt, was man mir beim Arbeitsmarktservice gesagt hat, bekomme ich bald keine Notstandshilfe mehr, weil mein Mann zu viel verdient. Und einen Job finde ich in meinem Alter als Sekretärin auch nicht mehr. Denn eine jüngere Kraft ist natürlich billiger und, man muss es ja zugeben, auch belastbarer. Ich bin mit meinen Nerven schon am Ende.“

Auf meine Frage, was denn daran so sehr zum Verzweifeln sei, wenn ihr Mann ohnehin genug verdiene, erklärte sie mir, dass ihre Ehe nur mehr auf dem Papier bestehe. Der Mann wohnte schon lange nicht mehr im gemeinsamen Haus. Aber scheiden wollten sie sich nicht lassen, denn dann müssten sie ihr Elternhaus verkaufen, das unglücklicherweise aufgrund einer früheren Entscheidung beiden Ehepartnern gehörte.

Und so lebte Martha eben allein in ihrem Haus. Sie war zwar nicht besonders glücklich mit ihrem Leben, aber wenigstens das geliebte Elternhaus hat sie nicht verlassen müssen.

Für ihren Lebensunterhalt reichte ihr Einkommen bisher leicht, da sie als Sekretärin in ihrem Alter recht gut verdient hatte. Sogar mit dem verbleibenden Arbeitslosengeld bzw. der Notstandshilfe ging's noch ganz gut, weil „ich ohnehin schon alles habe, was ich brauche“, wie sie mir erzählte.

Aber nun, angesichts neuer Rechtsgrundlagen, war guter Rat teuer. Sie war sicher, dass ihr Mann nichts für sie zahlen würde. Und „den Kindern möchte ich auch nicht auf der Tasche liegen,“ wehrte sie den Gedanken ab, von ihren beiden erwachsenen Söhnen Geld zu verlangen. Was war also zu tun?

Natürlich hatte sie gespart, solange sie gut verdient hatte. Aber das war eigentlich als Zubrot zur Pension gedacht. Wie man es drehte und wendete, es schien keine befriedigende Lösung zu geben. Als Verhaltenstherapeutin sehe ich meine Aufgabe unter anderem auch darin, ganz konkrete Lebenshilfe-Strategien mit meinen Klienten zu erarbeiten. Begonnen wird diese Arbeit immer mit der Klärung der Perspektiven. Also schrieben wir einmal alle Möglichkeiten auf, und schienen sie auf den ersten Blick noch so abwegig.

„Ich könnte mich mit meinem Mann wieder arrangieren und ihn bitten, mir zu helfen – nein, fast unmöglich, nach alle den Jahren der Entfremdung. Oder ich könnte mir einen anderen Mann suchen, der mich gegen Pflege erhält." Diese Gedanken wurden ebenso als unmöglich verworfen.

„Die Ansprüche zurückschrauben und weniger Gehalt verlangen, da käme ich mir einfach blöd und ausgenützt vor".

Einen ganz anderen Job zu suchen, vielleicht als Haushälterin, war eine weitere Idee, die während des Gespräches aufkam. Martha konnte sich vielleicht selbstständig machen, als „Mädchen für alles", oder ein Babysitter- bzw. Kochservice gründen.

Nachdem uns keine weiteren Varianten mehr eingefallen waren, begannen wir die einzelnen Ideen auf ihre Umsetzbarkeit hin zu prüfen, die Pros und Contras zu vergleichen und dann die beste Lösung herauszufiltern.

Auszuscheiden waren prinzipiell alle Ideen, die Marthas Selbstwertgefühl untergraben würden. Also alles, wo sie langfristig auf fremde Hilfe angewiesen wäre. Denn jene Situationen, in denen Menschen langfristig keine eigene Kontrolle haben, verursachen ungesunden Stress und können zu psychosomatischen Erkrankungen und Depressionen führen.

Blieben also noch die verschiedenen Varianten der Jobsuche, entweder als selbstständige „One-woman-show", wie es Martha, scherzend, bezeichnete, oder in einer Anstellung, in der sie sich mit den Rahmenbedingungen und dem Arbeitsgebiet identifizieren könnte.

„Als erstes versuch ich's einmal als Haushälterin," nahm Martha diese Idee auf.

Sie meldete ihr Angebot dem Arbeitsamt – und siehe da, nach einer Woche hatte sie bereits drei Angebote , die theoretisch alle sehr gut aussahen.

„Ich bin aufgeregt wie eine Schulabgängerin vor ihrem ersten Vorstellungsgespräch," vertraute sie mir an. „Gut, dann werden wir uns gemeinsam darauf vorbereiten," schlug ich ihr vor.

Wir machten das mit mentalem Training, indem wir uns in meditativer Entspannung die Angst machende Situation vorstellten. Gleichzeitig aber auch, mit welchen Strategien sie sie positiv bewältigen könnte.

Das erste Angebot, den Haushalt einer Anwaltsfamilie zu führen, gefiel Martha nicht besonders. Denn dazu hätte sie in eine niederösterreichische Kleinstadt ziehen müssen, und das wollte sie absolut nicht.

Das zweite Angebot hörte sich schon besser an, da passten allerdings die finanziellen Voraussetzungen nicht.

Um einem Motivations-Verlust vorzubeugen, „programmierten" wir Martha weiterhin durch mentales Training auf Erfolg.

Und endlich – nach dem dritten Vorstellungsgespräch klappte es! Eine sehr nette Arztfamilie nahm Martha zu sehr großzügigen Bedingungen in ihren Haushalt auf. Jetzt passte alles: die finanziellen Seite, die Rahmenbedingungen und die Arbeit an sich.

Das Arbeitsgebiet war geteilt in Sekretariatsarbeiten und Haushaltsarbeiten. Damit konnte Martha gut leben. Wohnen konnte sie am Arbeitsplatz, die Freizeit war gut geregelt und auch der bisher doch manchmal verspürten Einsamkeit konnte sie nun durch den „Familienanschluss" begegnen.

„Wie's dann in der Praxis wirklich sein wird, werd' ich ja sehen," meinte Martha in unserer letzten Sitzung, „aber auf jeden Fall bin ich ungeheuer erleichtert, dass ich doch noch einen Arbeitsplatz gefunden habe. Und das auch noch zu so günstigen Bedingungen und mit so einer herzlichen Aufnahme. Na ja, Glück muss man eben haben!"

Da musste ich jetzt aber einwenden: „Glück muss man schon haben, aber sein Leben selbst in die Hand zu nehmen, ist dafür Voraussetzung!"

Wenn Sie wie Martha wirklich in die unangenehme Situation kommen, arbeitslos zu werden, sind Sie wahrscheinlich zuerst einmal verzweifelt und traurig, wie jeder andere auch.

Nicht mehr gebraucht zu werden, bedeutet für jeden von uns eine Demütigung. Trotzdem stellt man sich vor, sofort wieder einen Arbeitsplatz zu finden. Aber wenn nach der Phase der Hoffnung die ersten Absagen ins Haus flattern, dann beginnt man meist an sich selbst zu zweifeln. Hier gilt dasselbe wie für den Wiedereinstieg.

Lassen Sie sich nicht entmutigen, weder von der Arbeitswelt, die Sie anscheinend nicht gebrauchen kann, noch von der Familie, die manchmal durch verletzende Äußerungen ihre eigene Enttäuschung ausdrückt.

Teilen Sie auch in dieser meist ungewohnten Situation Ihren Tag gut ein. Lassen Sie sich nach einer kleinen Verschnaufpause – sie sollte nicht länger als zwei Wochen dauern – nicht gehen, indem Sie den Tag vertrödeln. Außer Sie stellen nach eingehender Prüfung Ihrer Situation fest, dass Sie eigentlich nicht mehr arbeiten wollen oder müssen. Aber das wird selten der Fall sein.

Entwickeln Sie Strategien, wie Sie Ihr Schicksal beeinflussen und damit verändern können.

Auch hier dient als erste Reflexionshilfe das bereits mehrmals erwähnte Problemlöseschema sehr gut.

Wenn Sie dann ziemlich genau wissen, wo Ihre eigenen Stärken und Schwächen liegen, wo Ihre Umwelt Ihnen hilft oder Sie behindert, sind Sie schon ein Stück gegangen – auf Ihrem Weg zum Erfolg.

Folgende weitere Fragestellungen helfen Ihnen, sich Ihrer Ziele und Möglichkeiten noch stärker bewusst zu werden:

Was will ich tun (Interessen)?

Was kann ich tun (Kompetenzen)?

Welche zeitlichen Möglichkeiten habe ich?

In welcher Art von Unternehmen will ich arbeiten?

Will ich mich selbstständig machen?

Welche Arbeitsbedingungen und welche Atmosphäre liegen mir?
Wo fühle ich mich gut?

Soll das Unternehmen eher konservativ sein?

Soll das Unternehmen eher innovativ sein?

Wenn Sie diese Fragen für sich ehrlich und nach bestem Wissen beantwortet haben, wissen Sie schon bedeutend mehr über Ihre Möglichkeiten.

Interessieren Sie sich nun in weiterer Folge dafür, welche Unternehmen Jobs anbieten (Inserate, Mundpropaganda, Arbeitsmarktservice, usw.) und schreiben Sie nicht wahllos irgendwelche Firmen an. Suchen Sie ganz gezielt nach solchen, von denen Sie glauben, dass sie zu Ihnen passen und umgekehrt. Besorgen Sie sich Unterlagen und Informationen zum betreffenden Unternehmen, um dieses tatsächlich beurteilen zu können.

Überlegen Sie sehr gezielt, warum Sie für den jeweiligen Arbeitgeber interessant sein könnten. Und schreiben Sie diese Begründungen auch in Ihre Bewerbung. Lieblose Bewerbungen nach Schema F führen selten zum Erfolg.

Als Bewerbungsunterlagen sollten Sie ein ansprechend formuliertes Schreiben, Ihren Lebenslauf und einige exemplarische Arbeitszeugnis-Kopien vorbereitet haben.

Im Bewerbungsgespräch sollten Sie sich so echt wie möglich präsentieren. Seien Sie Sie selbst. Eine Maske für das Vorstellungsgespräch aufzusetzen, bringt gar nichts. Sie selbst, aber auch das Unternehmen werden im Falle einer Zusammenarbeit enttäuscht sein, wenn Sie in der täglichen Praxis Ihre Maske abnehmen (müssen). Denn niemand hält es durch, sich ewig zu verstellen.

Einige Verhaltensregeln für Bewerbungsgespräche gibt es natürlich. Bedenken Sie, dass der erste Eindruck entscheidend zu Ihrem Gesamteindruck beiträgt. Stylen Sie sich daher nicht übertrieben auffällig. Das bedeutet: vermeiden Sie ein tiefes Dekolleté, auffälligen Schmuck oder extra kurzen Minirock.

Achten Sie auf Blickkontakt, Freundlichkeit, Lächeln und einen festen, aber nicht zu festen Händedruck. Seien Sie so attraktiv wie nötig, aber nicht aufreizend, kokett oder aufdringlich.

Sprechen Sie offen über Ihre Fähigkeiten, Wünsche und Vorstellungen. Verschweigen oder verharmlosen Sie Ihre Familiensituation nicht. Im Bedarfsfall (z.B. Krankheit von Kindern) kommt die Wahrheit ans Tageslicht und das Vertrauen zu Ihnen kann verloren gehen.

Sollten Sie nach Schwächen gefragt werden, beantworten Sie diese Frage ehrlich, wobei Sie eine Schwäche nennen, die Sie sich schon vorher überlegt haben. Es sollte sich dabei um eine für den betrieblichen Alltag weniger relevante handeln.

Und lassen Sie sich nicht entmutigen. Sie werden einen neuen Job finden, wenn es an der Zeit ist. Betrachten Sie die Wartezeit als Chance, sich wieder einmal neu mit den eigenen Bedürfnissen und Wünschen auseinanderzusetzen. Wahrscheinlich haben Sie das ohnehin schon lange nicht mehr getan.

Zusammenfassung

- Seien Sie kreativ!
- Ergreifen Sie selbst die Initiative!
- Nehmen Sie Ihr Schicksal selbst in die Hand!

Wonnemonat Mai

- Pubertierende Kinder – eine Herausforderung für ihre Umwelt
- Über Probleme reden statt sie nur interpretieren

Gerade gegen den Sommer zu stellen sich Fragen nach der schulischen Leistung von pubertierenden Kindern in höherem Maße als vorher. Fragen nach den Wegen in einen zufriedenstellenden Beruf und die dazu nötige Ausbildung werden akut. Folgende Geschichte stellt ein Beispiel dar, wie familiäre Unsicherheiten sich auf das Befinden der Kinder und damit auch auf deren Lernleistung auswirken.

Elisabeth S. ist Mutter. Ihre drei Kinder Sonja, Elisabeth und Oliver sind bis jetzt ganz wohl geraten. Auch Anton, ihr Mann, kümmert sich um die Familie, wenn sein Beruf es zulässt. Nur jetzt, bei Oliver, dem Ältesten, er ist gerade 14 geworden, spürt Elisabeth, dass sich etwas bewegt. Dass da eine Unordnung aufkommt, die bisher nicht zu spüren war. Klar, Oliver kommt in die Pubertät, das weiß sie. Und dass das Folgen nach sich zieht, das weiß sie auch. Denn Elisabeth betrachtet ihr Muttersein als ernsthafte Verpflichtung. Schließlich hat sie deswegen vor 14 Jahren ihren Beruf aufgegeben. Ihren Beruf als Stewardess, den sie sich mit aller Kraft gewünscht hatte.

Und seither ist sie „Hausfrau und Mutter". Alle Phasen der Entwicklung ihrer Kinder hat sie in Büchern studiert, war bei Seminaren und Vorträgen. Anton meinte deshalb öfter: „Wenn alle so ein Theater mit dem Kindererziehen machen würden, dann gäb's ja überhaupt keine normalen Mütter mehr."

Aber jetzt sieht es so aus, als ob das ohnehin alles nichts genützt hätte. Oliver, der jetzt in die vierte Klasse eines Gymnasium geht, muckt auf. Oliver „folgt" gerade nicht. Er will nicht mehr. Er hat es satt, jetzt in die Schule gehen zu müssen, satt, noch weitere vier Jahre in die Schule gehen zu müssen, überhaupt bei seinen spießigen Eltern leben zu müssen. Er lernt auch nichts mehr. Auf alle Schularbeiten, die bereits stattgefunden haben, hat er ein „Nichtgenügend" bekommen. Er sagt: „Irgendwann zünde ich einmal die Schule an." Oder „Dem Schlöger, dem Klassenvorstand, knall' ich einmal eine." Solche Töne spuckt der Oliver momentan. Und das aus heiterem Himmel.

Elisabeth ist verzweifelt. „Was haben wir nur falsch gemacht?" fragt sie sich und jeden, der eine Antwort wissen könnte.

Beim Schulpsychologen erhofft sie sich auch Rat und Hilfe. Der Psychologe fragt, ob Oliver früher schon einmal auffällig gewesen sei. Und wie das Familienleben so im allgemeinen sei und ob Oliver unter großem Stress stehe. „Was der alles wissen wollte", erzählt Elisabeth ihrer Freundin. Klar, dass der Oliver neben der Schule noch Klavierunterricht habe und dass er außerdem noch bei der Pfarrjugend aktiv sei.

Und zu Hause im Garten muss er schon auch ein bisschen helfen, denn schließlich hat man den Garten ja seinerzeit für die Kinder angeschafft. Und hin und wieder hilft er auch seinen Schwestern beim Lernen.

Aber das geht sich schon alles aus, denn was soll er denn mit so viel Freizeit anfangen? Der Anton sagt immer: „So kommt er wenigstens nicht auf dumme Gedanken." Lisi, die Freundin, fragt, ob er noch immer so gut Modellautos baue. „Ja, das schon, aber Zeit hat er halt dafür nicht viel," meint Elisabeth. Überhaupt mit seiner Hautkrankheit, „Pubertätsakne", muss er recht oft zum Hausarzt, was auch viel Zeit kostet.

Elisabeth beschließt, mit Oliver in Therapie zu gehen. Denn, was weiß man, ob ein Psychologe nicht doch herausfinden kann, was dem Oliver so zu schaffen macht. Er war doch bis jetzt so gut in der Schule und so brav. So kommen Elisabeth und Oliver gemeinsam zu mir.

Oliver begegnet mir mit eisigem Schweigen. Alle meine Fragen negiert er. Er will nicht mit mir reden. Elisabeth redet um so mehr: Dass der Oliver gestern auch noch zu allem Überfluss gemeinsam mit Freunden eine Telefonzelle „zerlegt" habe. Jetzt ist das Maß aber voll. Der Vater ist schon ganz fertig. „Da opfert man Zeit und Geld, und diese Bengel haben nichts im Sinn, als alles zu zerstören. „Jetzt hat Oliver endlich einmal eine „g'sunde" Ohrfeige bekommen und Fernsehverbot.

Ich frage Oliver, ob das so stimme. Er nickt nur. Trotzig, würde man sagen.

Elisabeth erzählt weiter. Aus der Kindheit, als der „Wolfi" so ein braver Bub gewesen sei und immer gefolgt habe. Nie war er trotzig. Oder doch? Ja, ein Mal, aber da hat sie ihn einfach unters kalte Wasser gestellt, damit er wieder zu sich kommt. Ich spreche dann mit Oliver allein. Versuche, sein Vertrauen zu gewinnen. In dieser ersten Stunde vergeblich. Aber Elisabeth und Oliver sind bereit, noch einmal zu kommen. Und dann noch einmal. Schön langsam wird es deutlich:

Oliver will gar nicht Klavier spielen lernen. Er will auch nicht Nachhilfelehrer für seine Schwestern sein. Im Gegenteil! Er wünscht sich sehr, dass sein Vater einmal mit ihm lernt, dass er vielleicht einmal etwas mit ihm gemeinsam unternimmt. Er will nicht groß und erwachsen sein müssen.

Trotzdem sollen ihn seine Eltern ernst nehmen, endlich einmal ernst nehmen. Jetzt hat er's ihnen ja gezeigt. Er hat sich etwas getraut. Mit dieser „Telefonzellen-Aktion" wollte er nur zeigen, dass er auch etwas kann, auch stark und mutig ist.

Elisabeth ist perplex. „Als ob wir nicht alles für euch tun würden!" schreit sie Oliver an. „Meinen Beruf habe ich für euch aufgegeben, ich koche für euch, ich wasche für euch und bügle für euch. Und Ihr seid nur undankbar. Könnt Ihr mir denn gar nichts zurückgeben?"

Jetzt ist Oliver perplex. Ja, hat seine Mutter denn das alles nicht gerne und freiwillig getan? Was soll er ihr denn geben können? Warum arbeitet sie nicht längst wieder, wenn sie das möchte?

Die Familientherapie der Familie S. wird sicher noch länger dauern. Viele Ressentiments, die über Jahre aufgebaut wurden, müssen bearbeitet werden. Auch Anton und die Töchter werden mitmachen müssen.

Wenn Sie sich und Ihre Familie in dieser Geschichte vielleicht in einzelnen Aspekten wieder erkennen, sollten Sie nicht erschrecken. Aber vielleicht ein wenig darüber nachdenken, wie das alles denn in Ihrer Familie gekommen ist.

Reden Sie mit Ihrer Familie und eventuell auch einem Experten über die Situation und darüber, was Sie an den Rahmenbedingungen verändern könnten. Vielleicht sind es nur Kleinigkeiten und alle Familienmitglieder können wieder besser damit zurechtkommen. Überprüfen Sie die Forderungen, die Sie an Ihre heranwachsenden Kinder stellen, sehr sorgfältig, egal ob „zu ihrem Besten" oder nicht. Was zu viel ist, ist zu viel und das ist individuell sehr unterschiedlich. Bedenken Sie bitte auch, dass weniger Belastungen im Zeitbudget auch weniger Stress für Sie bedeuten.

Denn unzufriedene Familienmitglieder wollen getröstet und betreut werden und individuelle Hobbys wollen organisiert sein.

Wenn Sie nach ehrlicher Prüfung der Wünsche aller Beteiligten zum Ergebnis kommen, dass die eine oder andere zeitliche und natürlich auch finanzielle Belastung gestrichen oder auch ersetzt werden sollte, zögern Sie nicht, dieses Ergebnis umzusetzen. Weniger Anspannung und Stress und damit mehr Lebensfreude werden sich daraus ergeben.

Gegen Ende des Schuljahres macht sich die große Müdigkeit bei allen Erziehern breit. Die Mühen des abgelaufenen Jahres haben ihre Spuren hinterlassen. Die Ferien nahen als Zeitraum, in dem „grenzenlose" Erholung angesagt ist. Wir erwarten uns meistens zuviel davon.

Trotzdem gilt auch hier das gleiche, wie bereits im Kapitel 9 gesagt wurde: Bereiten Sie Ihren Urlaub so perfekt wie möglich vor, überlassen Sie so wenig wie möglich dem Zufall. Denn Urlaub mit Kindern muss geplant werden, viel gründlicher als Urlaub mit Erwachsenen.

Und versuchen Sie, gemeinsam mit Ihrem Lebenspartner, Ihre Erwartungen an die eigene Erholung nicht zu hoch zu stecken.

Vereinbaren Sie Zeiten, in denen jeder von Ihnen frei hat. Es ist sehr mühsam, wenn einer der Partner alle Verantwortung für das Wohl und die Versorgung der Familie hat und der andere im Liegestuhl liegt und die Zeitung liest. Gerade im Urlaub wird der „Hausfrau" oft die ganze Last der Abwicklung zugeschoben. Denn da heißt es: „Du bist doch ohnehin die ganze Zeit auf Urlaub“, sollten Sie gerade in der Familienphase sein. Klären sie vor Urlaubsantritt die Aufgaben- und Zeiteinteilung auch im Urlaub. So verhindern Sie Streit während des Urlaubs, was sicher in Ihrem und im Interesse der ganzen Familie ist.

Wenn Sie mit der Lektüre und Umsetzung der Ideen dieses Buches im August begonnen haben, ist Ihre Übung im Verhandeln ja ohnehin schon so gut, dass Sie diese kleine Aufgabe mit „links“ erledigen werden.

Zusammenfassung

- Nehmen Sie Ihre Kinder und deren Wünsche ernst.
- Wenn Sie deren Wünsche noch nicht kennen, fragen Sie nach.
- Auch Heranwachsende haben wertvolle Ideen.
- Bauen Sie Ihre Argumentation auf den bisherigen Lernerfahrungen auf. Sie haben ein Recht auf Erholung, genauso wie der Rest der Familie.

Abschied

In diesem Buch habe ich versucht, Ihnen meine Sicht von sinnvollem Zeitmanagement zu vermitteln. Ich freue mich, wenn es mir gelungen ist, Sie davon zu überzeugen, dass Sie Ihre Zeiteinteilung in hohem Maß selbst in der Hand haben. Ob Sie manche familiäre und berufliche Rahmenbedingung in Ihre Überlegungen einbeziehen und berücksichtigen, ist Ihre Entscheidung.

Sie wissen nun, dass Sie diese Rahmenbedingungen ändern können, wenn Sie bereit sind, die Konsequenzen dafür zu tragen. Dieses Wissen macht Ihnen bewusst, dass Sie Ihre Welt verändern können, aber der Preis dafür manchmal sehr oder gar zu hoch ist.

Als einen großen Erfolg würde ich es sehen, wenn Sie in Zukunft nur noch „ich nehme mir (keine) Zeit für ..." anstatt „ich habe (keine) Zeit für ..." sagten.

Ich wünsche Ihnen viel Konsequenz, Freude und Erfolg bei der Umsetzung des Gedankens „Mütter brauchen Zeit für sich".

Empfehlenswerte Literatur

Feigl Susanne: Frauenratgeberin.
Bundesministerium f. Frauenangelegenheiten

Lauster Peter: Lassen Sie sich nichts gefallen.
Econ Taschenbuch Verlag, 1998

Phillips Barty: Das neue große Haushaltsbuch.
Herder, Freiburg im Breisgau, 1989

Seiwert Lothar: Mehr Zeit für das Wesentliche.
Verlag Moderne Industrie, Landsberg/Lech, 1993

St. James Elain: Zurück zum Selbst.
Goldmann Verlag, 1996

Verbraucher-Zentrale Nordrhein-Westfalen e.V.,
Zeitmanagement im Haushalt.

Wohlfahrt Marianne: Gesundes Selbstmanagement
durch aktive Stressbewältigung. Walhalla, Berlin,
Bonn, Regensburg, 1995

Alltagsbewältigung für Mütter ...

Adrienne Schuh

Mütter im Klassenzimmer

112 Seiten, 170 mm x 240 mm

ATS 198,–/DEM 27,–/CHF 25,–

ISBN 3-209-02580-0

Dieses Buch gibt Eltern einen Schlüssel zur Verbesserung der schulischen und persönlichen Situation ihrer Kinder in die Hand, indem es die fördernde Haltung bei der Bewältigung von Schulproblemen in den Vordergrund stellt. Im Buch erfahren sie, wie sie sich selbst und ihren Kindern wieder Mut machen können. Sie lernen sich der Stärken als Elternteil bewusst zu werden und Misserfolg als Chance zur Verbesserung der persönlichen Lebenssituation zu sehen und zu nutzen.

Hans Morschitzky

Wenn Jugendliche ängstlich sind

128 Seiten, 150 mm x 215 mm

ATS 198,–/DEM 27,–/CFH 25,–

ISBN 3-209-02722-6

Dieser Ratgeber zeigt, dass Angst ein ganz normales Gefühl ist, wie Liebe, Freude oder Trauer. Der Leser erfährt nicht nur, warum der Körper mit Herzklopfen, Engegefühlen in der Brust oder pulsierenden Kopfschmerzen reagiert, sondern lernt auch, Angst als Kraft zur Bewältigung von möglichen Bedrohungen zu nutzen. Tipps und Tricks im Umgang mit Schulangst, Prüfungsangst, Lampenfieber vor Referaten – Ängste, die Jugendliche oft unerkannt von ihrer Umgebung plagen – machen dieses Buch zu einem wertvollen Begleiter für Personen, die beruflich oder privat mit Jugendlichen zu tun haben.

Brigitte Treu
Check dir deinen Job

112 Seiten, 160 mm x 215 mm
ATS 168,–/DEM 23,–/CHF 21,–
ISBN 3-209-02584-3

Dieser Ratgeber für Jugendliche zwischen 14 und 16 Jahren unterstützt Schüler/innen bei der Berufsorientierung. Wer sich bereits für den Weg in die Lehre entschieden hat, aber noch unsicher über den passenden Lehrberuf ist, findet in dem praxisorientierten Buch hilfreiche Informationen. Ein Schwerpunkt wird dabei nicht nur auf das Bewusstmachen der Trends in Berufs- und Arbeitswelt gelegt, sondern auch auf die Wichtigkeit einer geglückten Berufswahl sowie den persönlichen Stellenwert von Arbeit.

Katharina Biesiekierska, Ilse Huschka
Strebern! Aber richtig!
Betriebsanleitung für das Gedächtnis
112 Seiten, 160 mm x 215 mm
ATS 168,–/DEM 23,–/CHF 21,–
ISBN 3-209-02723-4

Fernseher, Videorecorder, Computer und eine ganze Menge anderer Geräte werden mit einer Betriebsanleitung geliefert. Für unser Gedächtnis haben wir leider keine Anleitung bekommen. Dieser Ratgeber hilft Jugendlichen, die Funktionsweise ihres Gedächtnisses besser kennen zu lernen und zu verstehen, warum es uns manchmal einen Strich durch die Rechnung macht. Keiner ist perfekt, doch mit den in diesem Buch vorgestellten Tricks und Tipps lernt man, sein Gedächtnis optimal zu nützen.